VERB
TABLES

HarperCollins*Publishers*

First published in this edition 1995

© HarperCollins Publishers 1995

First reprint 1996

ISBN 0 00 471003-7 Paperback

Ilse MacLean
Lorna Sinclair-Knight

editorial staff
Horst Kopleck, Megan Thomson

editorial management
Vivian Marr

*A catalogue record for this book
is available from the British Library*

*Typeset by Morton Word Processing Ltd,
Scarborough*

*Printed and bound in Great Britain by
Caledonian International Book Manufacturing Ltd,
Glasgow, G64*

INTRODUCTION

Your **Collins Gem German Verb Tables** is a handy quick-reference guide to one of the most important aspects of the German language. All the essential information about German verbs and how to use them is covered and the clear, user-friendly layout makes learning verb endings and irregularities easy — and fast!

The book is made up of three sections. The first section provides a detailed explanation of all the tenses the learner will need to know for all types of verb, whether weak, strong or mixed, along with instructions on how to form the present participle, the past participle and the imperative. Compound tenses are explained in full, as is the use of the passive voice. Separable and inseparable verbs are dealt with and verbal prefixes listed. Examples of reflexive verbs are given as well as verbs followed by prepositions, and there is an outline of the verb's position in the clause.

The second section — the main part of the book — shows, in alphabetical order, 200 useful German verbs in their most commonly used tenses. Each verb is clearly laid out across the page with the learning points shown in bold type — no more searching for where the stem ends and the ending begins. You can see at a glance which verb ending to use for which tense and which person, as well as whether the verb is weak or strong and which auxiliary verb it uses to form its compound tenses.

Finally, the third section of the book is an alphabetical reference list of over 2,000 widely used verbs, each with a number referring the reader to a verb pattern in the main verb tables.

CONTENTS

Glossary

auxiliary verbs: **haben, sein, werden**, used to form compound tenses

compound tense: formed with the auxiliary verbs **haben, sein**, or **werden**, like English compound tenses formed with "have", "shall", "will" *etc*

ending: a suffix showing the tense and person of the verb

infinitive: the base form of the verb, found in dictionary entries; the infinitive ends in **-en**

inseparable verbs have a prefix which cannot be separated from the main verb

mixed verbs have a vowel change but add weak verb endings in the imperfect indicative tense and in the past participle, e.g. brennen → brannte → gebrannt

modal verbs: a set of six irregular verbs used to express permission, ability, wish, obligation and necessity

separable verbs have a prefix which is separated from the main verb in certain positions in the sentence

simple tense: formed by adding endings to a verb stem

stem: the basic part of the verb, formed from the infinitive by dropping the **-en**

strong verbs have a vowel change in their imperfect indicative, and sometimes in the past participle, e.g. singen → sang → gesungen. Their past participle ends in **-en**

weak verbs form their imperfect indicative by adding endings to stem, e.g. holen → hol**te**. They form their past participle with the prefix **ge-** and the ending **-t**, e.g. holen → **ge**hol**t**

The German Verb

German has two main types of verb: WEAK verbs and STRONG verbs. The infinitive gives no help in deciding if a verb is weak or strong. It is best therefore to approach each verb individually, learning its infinitive, the 3rd person singular of its present and imperfect indicative tenses and its past participle: **geben, gibt, gab, gegeben**.

Weak verbs are, with only a few exceptions, regular, forming their tenses according to the patterns outlined below.

Strong verbs change their vowel in the imperfect tense, and sometimes also in the past participle and certain parts of their present tense. Rules for their conjugation in all tenses are also given below, and each strong verb is clearly conjugated in its most widely used tenses in the main Verb Tables.

Simple tenses

Weak verbs

The example used throughout these tables is the verb **holen** (to fetch).

Present indicative (I fetch/am fetching/do fetch)

sing 1st	stem	+ **-e**	ich	hol**e**
2nd	"	+ **-st**	du	hol**st**
3rd	"	+ **-t**	er	hol**t**
pl 1st	"	+ **-en**	wir	hol**en**
2nd	"	+ **-t**	ihr	hol**t**
3rd	"	+ **-en**	sie	hol**en**

Imperfect indicative (I fetched/was fetching/used to fetch)

sing 1st	stem	+ **-te**	ich	hol**te**
2nd	"	+ **-test**	du	hol**test**
3rd	"	+ **-te**	er	hol**te**
pl 1st	"	+ **-ten**	wir	hol**ten**
2nd	"	+ **-tet**	ihr	hol**tet**
3rd	"	+ **-ten**	sie	hol**ten**

Present participle (fetching)	**Past participle** (fetched)
infinitive + -d: holend	ge- + stem + -t: geholt

Imperative (fetch!)

sing	stem (+ -e)	hol(e)!
1st pl	,, + -en wir	holen **wir**!
2nd pl	,, + -t	hol**t**!
polite	,, + -en Sie	holen **Sie**!

The exclamation mark is compulsory in German.

Present subjunctive

sing 1st	stem	+ -e	ich hole
2nd	,,	+ -est	du hol**est**
3rd	,,	+ -e	er hole
pl 1st	,,	+ -en	wir holen
2nd	,,	+ -et	ihr hol**et**
3rd	,,	+ -en	sie holen

Imperfect subjunctive

sing 1st	stem	+ -te	ich hol**te**
2nd	,,	+ -test	du hol**test**
3rd	,,	+ -te	er hol**te**
pl 1st	,,	+ -ten	wir hol**ten**
2nd	,,	+ -tet	ihr hol**tet**
3rd	,,	+ -ten	sie hol**ten**

The Subjunctive in indirect speech

In indirect or reported speech subjunctive forms should be used. Where the present subjunctive form is like the normal present indicative a different tense is used, giving a mixture of present and imperfect subjunctive.

sing 1st	stem	+ -te	man sagt,		ich hol**te**
2nd	,,	+ -est	,, ,,		du holest
3rd	,,	+ -e	,, ,,		er hole
pl 1st	,,	+ -ten	,, ,,		wir hol**ten**
2nd	,,	+ -et	,, ,,		ihr holet
3rd	,,	+ -ten	,, ,,		sie hol**ten**

Weak verbs: regular spelling variants

Where adding the endings to the stem makes the verb difficult to pronounce, an extra **-e** is added between the stem and the ending. This is particularly the case where the stem ends in **-d**, **-t**, **-m** or **-n** preceded by a consonant other than **-l**, **-r** or **-h**:

reden (to talk)	– er red**e**t, er red**e**te
arbeiten (to work)	– er arbeit**e**t, er arbeit**e**te
rechnen (to count)	– er rechn**e**t, er rechn**e**te
BUT: lernen (to learn)	– er lernt, er lernte

Where the stem ends in **-ß**, **-s** or **-z**, only **-t** is added to form the 2nd person singular of the present indicative active:

heizen (to heat)	– du hei**z**t
reisen (to travel)	– du rei**s**t
spritzen (to inject)	– du sprit**z**t
BUT: waschen (to wash)	– du wäsch**st**

Infinitive: reden (to talk)

Present indicative (I talk/am talking/do talk)

sing 1st	stem	+ **-e**	ich	rede
2nd	”	+ **-est**	du	red**est**
3rd	”	+ **-et**	er	red**et**
pl 1st	”	+ **-en**	wir	reden
2nd	”	+ **-et**	ihr	red**et**
3rd	”	+ **-en**	sie	reden

Imperfect indicative (I talked/was talking/used to talk)

sing 1st	stem	+ **-ete**	ich	red**ete**
2nd	”	+ **-etest**	du	red**etest**
3rd	”	+ **-ete**	er	red**ete**
pl 1st	”	+ **-eten**	wir	red**eten**
2nd	”	+ **-etet**	ihr	red**etet**
3rd	”	+ **-eten**	sie	red**eten**

| | **Present participle** (talking)
infinitive + **-d**: rede**nd** | **Past participle** (talked)
ge- + stem + **-et**: **ge**rede**t** |

Imperative (talk!)

sing	stem (+ **-e**)		red(**e**)!
1st pl	”	+ **-en wir**	rede**n wir**!
2nd pl	”	+ **-et**	rede**t**!
polite	”	+ **-en Sie**	rede**n Sie**!

Present subjunctive

sing 1st	stem	+ **-e**	ich	rede
2nd	”	+ **-est**	du	rede**st**
3rd	”	+ **-e**	er	rede
pl 1st	”	+ **-en**	wir	rede**n**
2nd	”	+ **-et**	ihr	rede**t**
3rd	”	+ **-en**	sie	rede**n**

Imperfect subjunctive

sing 1st	stem	+ **-ete**	ich	rede**te**
2nd	”	+ **-etest**	du	rede**test**
3rd	”	+ **-ete**	er	rede**te**
pl 1st	”	+ **-eten**	wir	rede**ten**
2nd	”	+ **-etet**	ihr	rede**tet**
3rd	”	+ **-eten**	sie	rede**ten**

The Subjunctive in indirect speech (See also p 6)

Because of the extra **-e** in the present indicative, the present indicative resembles the present subjunctive for all persons except the third person singular for these verbs, and the imperfect subjunctive is therefore used in these persons, as follows:

sing 1st	stem	+ **-ete**	ich	rede**te**
2nd	”	+ **-etest**	du	rede**test**
3rd	”	+ **-e**	er	rede
pl 1st	”	+ **-eten**	wir	rede**ten**
2nd	”	+ **-etet**	ihr	rede**tet**
3rd	”	+ **-eten**	sie	rede**ten**

8

Strong verbs

Strong verbs change their vowel to form the imperfect tense, and they take different endings from weak verbs in this tense.

The imperfect subjunctive also has different endings, and the vowel is modified if possible (**er sang/er sänge**).

The past participle is formed by adding the prefix **ge-** and the ending **-en**, and often the vowel is changed here too (**singen/ gesungen**).

Some verbs also take a different vowel or modify the existing vowel for the 2nd and 3rd persons singular in their present indicative, and in the singular imperative. Some present tense vowel patterns for such verbs are: **e → i** (geben — er **gibt**); **au → äu** (laufen — er **läuft**); **e → ie** (lesen — er **liest**); **o → ö** (stoßen — er **stößt**); **a → ä** (fahren — er **fährt**).

The simplest and most reliable course is to refer to each verb individually, using the tables beginning on page 24.

The following is the pattern for a strong verb whose vowel changes in both the imperfect and past participle, but not in the present indicative:

Infinitive: singen (to sing)

Present indicative (I sing/am singing/do sing)

sing 1st	stem	+ **-e**	ich	sing**e**
2nd	,,	+ **-st**	du	sing**st**
3rd	,,	+ **-t**	er	sing**t**
pl 1st	,,	+ **-en**	wir	sing**en**
2nd	,,	+ **-t**	ihr	sing**t**
3rd	,,	+ **-en**	sie	sing**en**

Imperfect indicative (I sang/was singing/used to sing)

sing 1st	sang	+ -	ich	sang
2nd	sang	+ **-st**	du	sang**st**
3rd	sang	+ -	er	sang
pl 1st	sang	+ **-en**	wir	sang**en**
2nd	sang	+ **-t**	ihr	sang**t**
3rd	sang	+ **-en**	sie	sang**en**

9

```
┌─────────────────────────────────────┐
│ Present participle (singing)        │
│ infinitive + -d: singend            │
└─────────────────────────────────────┘

┌─────────────────────────────────────┐
│ Past participle (sung)              │
│ ge- + sung + -en: gesungen          │
└─────────────────────────────────────┘
```

Imperative (sing!)

sing	stem (+ -e)	sing(e)!
1st pl	" + -en wir	singen wir!
2nd pl	" + -t	singt!
polite	" + -en Sie	singen Sie!

Present subjunctive

sing 1st	stem + -e	ich	singe
2nd	" + -est	du	singest
3rd	" + -e	er	singe
pl 1st	" + -en	wir	singen
2nd	" + -et	ihr	singet
3rd	" + -en	sie	singen

Imperfect subjunctive

sing 1st	sang + ̈e	ich	sänge
2nd	" + ̈est	du	sängest
3rd	" + ̈e	er	sänge
pl 1st	" + ̈en	wir	sängen
2nd	" + ̈et	ihr	sänget
3rd	" + ̈en	sie	sängen

The Subjunctive in indirect speech (See p 6)

sing 1st	sang + ̈e	ich	sänge
2nd	stem + -est	du	singest
3rd	stem + -e	er	singe
pl 1st	sang + ̈en	wir	sängen
2nd	stem + -et	ihr	singet
3rd	sang + ̈en	sie	sängen

The nine mixed verbs

brennen	kennen	senden
bringen	nennen	wenden
denken	rennen	wissen

These verbs have a vowel change in the imperfect and past participle, but take weak verb endings:

brennen: er brannte, er hat gebrannt

Bringen and **denken** also have a consonant change:

bringen: er brachte, er hat gebracht
denken: er dachte, er hat gedacht

The imperfect subjunctive form of these verbs should be noted especially.

A mixed verb

Infinitive: brennen (to burn)

Present indicative (I burn/am burning/do burn)

sing 1st	stem	+ **-e**	ich	brenn**e**
2nd	"	+ **-st**	du	brenn**st**
3rd	"	+ **-t**	er	brennt
pl 1st	"	+ **-en**	wir	brenn**en**
2nd	"	+ **-t**	ihr	brennt
3rd	"	+ **-en**	sie	brenn**en**

Imperfect indicative (I burned/was burning/used to burn)

sing 1st	brann	+ **-te**	ich	brannte
2nd	brann	+ **-test**	du	branntest
3rd	brann	+ **-te**	er	brannte
pl 1st	brann	+ **-ten**	wir	brannten
2nd	brann	+ **-tet**	ihr	branntet
3rd	brann	+ **-ten**	sie	brannten

> **Present participle** (burning)
> infinitive + **-d**: brennen**d**

> **Past participle** (burned)
> **ge-** + **brann** + **-t**: gebrannt

Imperative (burn!)

sing	stem (+ **-e**)	brenn(**e**)!
1st pl	" + **-en wir**	brennen wir!
2nd pl	" + **-t**	brennt!
polite	" + **-en Sie**	brennen Sie!

Present subjunctive

sing 1st	stem	+ **-e**	ich	brenne
2nd	"	+ **-est**	du	brennest
3rd	"	+ **-e**	er	brenne
pl 1st	"	+ **-en**	wir	brennen
2nd	"	+ **-et**	ihr	brennet
3rd	"	+ **-en**	sie	brennen

Imperfect subjunctive

sing 1st	stem	+ **-te**	ich	brennte
2nd	"	+ **-test**	du	brenntest
3rd	"	+ **-te**	er	brennte
pl 1st	"	+ **-ten**	wir	brennten
2nd	"	+ **-tet**	ihr	brenntet
3rd	"	+ **-ten**	sie	brennten

The Subjunctive in indirect speech (See p 6)

sing 1st	stem	+ **-te**	ich	brennte
2nd	"	+ **-est**	du	brennest
3rd	"	+ **-e**	er	brenne
pl 1st	"	+ **-ten**	wir	brennten
2nd	"	+ **-et**	ihr	brennet
3rd	"	+ **-ten**	sie	brennten

Compound tenses

In German, compound tenses are formed in exactly the same way for all verbs, whether strong, weak or mixed. They are formed by using the appropriate tense of an auxiliary verb plus the infinitive or past participle. For the future tenses the auxiliary is always **werden**; for the past tenses it is usually **haben**, but some verbs, especially those expressing change of place or condition, take **sein** instead.

The infinitive or past participle usually comes at the end of a clause. In the tables below, suspension points represent the rest of the clause or sentence (see p 23).

Past tenses

The tables below illustrate these for a verb taking **haben** (holen – on the left) and one that takes **sein** (reisen – on the right).

Perfect infinitive

haben + past participle	**sein** + past participle
geholt haben (to have fetched)	**gereist sein** (to have travelled)

Perfect indicative (I (have) fetched/travelled)

present indicative of **haben/sein** + past participle	
ich **habe** . . . . **geholt**	ich **bin** . . . . **gereist**
du **hast** . . . . **geholt**	du **bist** . . . . **gereist**
er **hat** . . . . **geholt**	er **ist** . . . . **gereist**
wir **haben** . . . . **geholt**	wir **sind** . . . . **gereist**
ihr **habt** . . . . **geholt**	ihr **seid** . . . . **gereist**
sie **haben** . . . . . . **geholt**	sie **sind** . . . . **gereist**

Perfect subjunctive

present subjunctive of **haben/sein** + past participle	
ich **habe** . . . . **geholt**	ich **sei** . . . . **gereist**
du **habest** . . . . **geholt**	du **sei(e)st** . . . . . . **gereist**
er **habe** . . . . **geholt**	er **sei** . . . . **gereist**
wir **haben** . . . . **geholt**	wir **seien** . . . . **gereist**
ihr **habet** . . . . **geholt**	ihr **seiet** . . . . **gereist**
sie **haben** . . . . **geholt**	sie **seien** . . . . **gereist**

Pluperfect indicative (I had fetched/travelled)

imperfect indicative of **haben/sein** + past participle	
ich **hatte** .... **geholt**	ich **war** .... **gereist**
du **hattest** ...... **geholt**	du **warst** .... **gereist**
er **hatte** .... **geholt**	er **war** .... **gereist**
wir **hatten** ...... **geholt**	wir **waren** ...... **gereist**
ihr **hattet** .... **geholt**	ihr **wart** .... **gereist**
sie **hatten** ...... **geholt**	sie **waren** ...... **gereist**

Pluperfect subjunctive (used as conditional perfect tense — see p 15)

imperfect subjunctive of **haben/sein** + past participle	
ich **hätte** .... **geholt**	ich **wäre** .... **gereist**
du **hättest** ...... **geholt**	du **wär(e)st** ..... **gereist**
er **hätte** .... **geholt**	er **wäre** .... **gereist**
wir **hätten** ...... **geholt**	wir **wären** ...... **gereist**
ihr **hättet** .... **geholt**	ihr **wär(e)t** ..... **gereist**
sie **hätten** ...... **geholt**	sie **wären** ...... **gereist**

Future and related tenses

Future indicative (I shall fetch/travel)

present indicative of **werden** + infinitive	
ich **werde** .... **holen**	ich **werde** .... **reisen**
du **wirst** .... **holen**	du **wirst** .... **reisen**
er **wird** .... **holen**	er **wird** .... **reisen**
wir **werden** ...... **holen**	wir **werden** ...... **reisen**
ihr **werdet** ...... **holen**	ihr **werdet** ...... **reisen**
sie **werden** ...... **holen**	sie **werden** .... **reisen**

Future subjunctive

present subjunctive of **werden** + infinitive	
ich **werde** .... **holen**	ich **werde** .... **reisen**
du **werdest** ...... **holen**	du **werdest** ...... **reisen**
er **werde** .... **holen**	er **werde** .... **reisen**
wir **werden** ...... **holen**	wir **werden** ...... **reisen**
ihr **werdet** ...... **holen**	ihr **werdet** ...... **reisen**
sie **werden** ...... **holen**	sie **werden** .... **reisen**

Future perfect indicative (I shall have fetched/travelled)

present indicative of **werden** + perfect infinitive	
ich **werde** ... **geholt haben**	ich **werde** .... **gereist sein**
du **wirst** .... **geholt haben**	du **wirst** ..... **gereist sein**
er **wird** ..... **geholt haben**	er **wird** ..... **gereist sein**
wir **werden** .. **geholt haben**	wir **werden** ... **gereist sein**
ihr **werdet** ... **geholt haben**	ihr **werdet** ... **gereist sein**
sie **werden** .. **geholt haben**	sie **werden** ... **gereist sein**

Conditional (I would fetch/travel)

imperfect subjunctive of **werden** + infinitive	
ich **würde** .... **holen**	ich **würde** .... **reisen**
du **würdest** ...... **holen**	du **würdest** ...... **reisen**
er **würde** .... **holen**	er **würde** .... **reisen**
wir **würden** .... **holen**	wir **würden** .... **reisen**
ihr **würdet** .... **holen**	ihr **würdet** .... **reisen**
sie **würden** .... **holen**	sie **würden** .... **reisen**

Conditional perfect* (I would have fetched/travelled)

imperfect subjunctive of **werden** + perfect infinitive	
ich **würde** ... **geholt haben**	ich **würde** .... **gereist sein**
du **würdest** .. **geholt haben**	du **würdest** .. **gereist sein**
er **würde** ... **geholt haben**	er **würde** ... **gereist sein**
wir **würden** .. **geholt haben**	wir **würden** ... **gereist sein**
ihr **würdet** .. **geholt haben**	ihr **würdet** ... **gereist sein**
sie **würden** .. **geholt haben**	sie **würden** ... **gereist sein**

*This is not a commonly used tense in German, being rather clumsy. It is usual to use the pluperfect subjunctive wherever a conditional perfect is needed.
Thus: ich hätte es geholt — I would have fetched it
      ich wäre gereist — I would have travelled.

The passive voice

German uses passive tenses much less than English. A passive in German is often expressed by the alternative "**man**" construction in which an active verb is used. Thus: **man holt ihn um sieben Uhr ab** (he is picked up at seven o'clock).

The "**man**" construction is almost always used to replace really unwieldy passive tenses, e.g. the future perfect passive.

Present passive infinitive

past participle + **werden**
geholt werden (to be fetched)

Perfect passive infinitive

past participle + **worden** + **sein**
geholt worden sein (to have been fetched)

Present passive (I am fetched/am being fetched)

Indicative	Subjunctive
present indicative of **werden** + past participle	present subjunctive of **werden** + past participle
ich **werde** ...... **geholt** du **wirst** .... **geholt** er **wird** .... **geholt** wir **werden** ...... **geholt** ihr **werdet** ...... **geholt** sie **werden** ...... **geholt**	ich **werde** .... **geholt** du **werdest** ...... **geholt** er **werde** .... **geholt** wir **werden** ...... **geholt** ihr **werdet** ...... **geholt** sie **werden** ...... **geholt**
OR man holt mich/dich *etc*	*OR* man hole mich/dich *etc*

Imperfect passive (I was fetched/was being fetched)

Indicative	Subjunctive
imperfect indicative of **werden** + past participle	imperfect subjunctive of **werden** + past participle
ich **wurde** .... **geholt** du **wurdest** ..... **geholt** er **wurde** ...... **geholt** wir **wurden** ..... **geholt** ihr **wurdet** ...... **geholt** sie **wurden** ..... **geholt**	ich **würde** .... **geholt** du **würdest** ..... **geholt** er **würde** ...... **geholt** wir **würden** ..... **geholt** ihr **würdet** ...... **geholt** sie **würden** ..... **geholt**
OR man holte mich/dich etc	OR man holte mich/dich etc

Perfect passive (I was fetched/have been fetched)

Indicative	Subjunctive
present indicative of **sein** + past participle + **worden**	present subjunctive of **sein** + past participle + **worden**
ich **bin** .... **geholt worden** du **bist** .... **geholt worden** etc	ich **sei** ..... **geholt worden** du **sei(e)st** .. **geholt worden** etc
OR man hat mich/dich geholt etc	OR man habe mich/dich geholt etc

Pluperfect passive (I had been fetched)

Indicative	Subjunctive
imperfect indicative of **sein** + past participle + **worden**	imperfect subjunctive of **sein** + past participle + **worden**
ich **war** .... **geholt worden** du **warst** .. **geholt worden** etc	ich **wäre** .... **geholt worden** du **wär(e)st** . **geholt worden** etc
OR man hatte mich/dich geholt etc	OR man hätte mich/dich geholt etc

Future passive (I shall be fetched)

Indicative	Subjunctive
present indicative of **werden** + present passive infinitive	present subjunctive of **werden** + present passive infinitive
ich **werde** ... **geholt werden** *OR* man wird mich holen	ich **werde** ... **geholt werden** *OR* man werde mich holen

Future perfect passive (I shall have been fetched)

Indicative
present indicative of **werden** + perfect passive infinitive
ich **werde geholt worden sein**   *OR* man wird mich geholt haben

Subjunctive
present subjunctive of **werden** + perfect passive infinitive
ich **werde geholt worden sein**   *OR* man werde mich geholt haben

Conditional passive (I would be fetched)

imperfect subjunctive of **werden** + present passive infinitive
ich **würde geholt werden**   *OR* man würde mich holen

Conditional perfect passive (I would have been fetched)

imperfect subjunctive of **werden** + perfect passive infinitive
ich **würde geholt worden sein**   *OR* man würde mich geholt haben. (BUT less clumsy would be to use the pluperfect subjunctive of **holen**.)

Separable and Inseparable verbs

Verbs with prefixes are either "separable" or "inseparable". Separable prefixes are stressed (**an**ziehen), inseparable prefixes are not (ent**komm**en).

A variable prefix is one which can be used to form either separable or inseparable verbs (**wieder**kehren, wieder**hol**en).

A list of prefixes is given on p 20.

In main clauses, the prefix of a **separable** verb is separated from the main verb in all tenses except the infinitive and the past participle. The past participle is formed by inserting **ge-** between the past participle of the main verb and the prefix, to form one word (an**ge**zogen, teil**ge**nommen), e.g. from **anrufen** (to telephone):

er **ruft** um neun Uhr **an**
er **rief** gestern **an**
er **hat** um neun Uhr an**ge**rufen

Verbs with **inseparable** prefixes have no **ge-** in the past participle (**ent**deckt, **ver**schwunden), and the prefix is never separated from the main verb stem, e.g. from **bestellen** (to order):

er **bestellt** ein Buch
er **bestellte** es gestern
er **hat** es gestern **bestellt**

Verbs ending in "-ieren"

These are often foreign borrowings, and behave like inseparable verbs in that they have no **ge-** in the past participle:
e.g. **telefonieren** → *ptp* **telefoniert**
 interessieren → *ptp* **interessiert**

Verbal prefixes

Separable prefixes:

ab-	heran-	hinunter-
an-	herauf-	hinweg-
auf-	heraus-	hoch-
aus-	herbei-	los-
bei-	herein-	mit-
da-	herüber-	nach-
ein-	herum-	nieder-
empor-	herunter-	voll-
entgegen-	hervor-	vor-
fehl-	hierher-	voran-
fest-	hin-	vorbei-
fort-	hinab-	vorüber-
frei-	hinauf-	weg-
gegen-	hinaus-	zu-
gleich-	hindurch-	zurecht-
her-	hinein-	zurück-
herab-	hinüber-	zusammen-

A separable prefix can also be another verb or noun: **spazieren**|gehen, **teil**|nehmen.

Inseparable prefixes:

be-	ge-
emp-	miß-
ent-	ver-
er-	zer-

Variable prefixes:

durch-	unter-
hinter-	voll-
über-	wider-
um-	wieder-

Reflexive verbs

Reflexive verbs should be learned with their preceding pronoun **sich** (oneself/to oneself). However, the reflexive pronoun does not always have a direct equivalent in English:
sich erinnern (to remember).
Reflexive verbs are always conjugated with **haben**.

The reflexive pronoun can be either the direct object (and therefore in the accusative) or the indirect object (and therefore in the dative).
The following are examples of reflexive verbs that take an accusative and a dative pronoun respectively:

Present indicative

sich erinnern (to remember)	**sich erlauben** (to allow oneself)
ich erinnere **mich**	ich erlaube **mir**
du erinnerst **dich**	du erlaubst **dir**
er erinnert **sich**	er erlaubt **sich**
wir erinnern **uns**	wir erlauben **uns**
ihr erinnert **euch**	ihr erlaubt **euch**
sie erinnern **sich**	sie erlauben **sich**

Imperfect indicative

ich erinnerte **mich**	ich erlaubte **mir**
du erinnertest **dich**	du erlaubtest **dir**
etc	*etc*

Perfect indicative

ich habe **mich** . . . erinnert	ich habe **mir** . . . . . . erlaubt
du hast **dich** . . . erinnert	du hast **dir** . . . . erlaubt
etc	*etc*

Future indicative

ich werde **mich** . . erinnern	ich werde **mir** . . . erlauben
du wirst **dich** . . . erinnern	du wirst **dir** . . . . erlauben
etc	*etc*

Verbs followed by a preposition

Prepositions are used after many German verbs in much the same way as in English, although unfortunately the prepositions are not always the same for both languages!

Some German verbs need prepositions where none are required in English (**diskutieren über**: to discuss). Here are some common verb + preposition patterns:

abhängen von (+ *dat*) to depend on
achten auf (+ *acc*) to pay attention to
sich amüsieren über (+ *acc*) to laugh at
sich beschäftigen mit (+ *dat*) to occupy oneself with
bestehen aus (+ *dat*) to consist of
sich bewerben um (+ *acc*) to apply for
sich bewerben bei (+ *dat*) to apply to
bitten um (+ *acc*) to ask for
denken an (+ *acc*) to be thinking of
denken über (+ *acc*) to think about, hold an opinion of
diskutieren über (+ *acc*) to discuss
duften nach (+ *dat*) to smell of
sich erinnern an (+ *acc*) to remember
sich freuen auf (+ *acc*) to look forward to
sich freuen über (+ *acc*) to be pleased about
sich gewöhnen an (+ *acc*) to get used to
sich interessieren für (+ *acc*) to be interested in
kämpfen um (+ *acc*) to fight for
sich kümmern um (+ *acc*) to take care of
leiden an (+ *dat*) to suffer from
neigen zu (+ *dat*) to be inclined to
riechen nach (+ *dat*) to smell of
schmecken nach (+ *dat*) to taste of
sehnen nach (+ *dat*) to long for
sprechen mit (+ *dat*) to speak to
sterben an (+ *dat*) to die of
telefonieren mit (+ *dat*) to speak to (someone) on the phone
sich verabschieden von (+ *dat*) to say goodbye to
warten auf (+ *acc*) to wait for
zittern vor (+ *dat*) to tremble with

The position of the verb in the clause

In **main clauses** beginning with a subject and verb, the order is as in English:

Ich gehe ins Kino I am going to the cinema.

When the verb is in a compound tense, the order is as follows:

Ich bin ins Kino gegangen I went to the cinema

Er wird Deutsch lernen he will learn German.

The subject and main verb are inverted in direct questions:

Ist er krank? is he ill?

Hast du es getan? have you done it?

and when something other than the subject and verb begins the main clause:

Den Mann kannte sie nicht she didn't know the/that man

Morgen gehe ich ins Kino I'm going to the cinema tomorrow.

The conjunctions **und**, **oder**, **allein**, **sondern** and **denn**, however, do not cause the verb and subject to invert:

… **und er ist krank** and he's ill

… **aber ich kann es nicht** but I can't do it.

In **subordinate clauses** the main verb is placed at the end:

Er kommt nicht, weil er kein Geld hat

he isn't coming because he has no money

Ich weiß, daß du es hast

I know (that) you have it.

Separable prefixes (see p 19) are placed at the end of a main clause, but in subordinate clauses the prefix and verb are reunited as one word at the end of the clause:

… **obwohl er ankommt** although he's coming

… **als er aufstand** when he got up.

Modal verbs (see p 4) used with an infinitive behave just like any verb in main and subordinate clauses:

Er möchte gehen he would like to go

… **weil er es kaufen wollte** because he wanted to buy it.

1 **annehmen** [strong, separable, *haben*]

to accept

PRESENT PARTICIPLE	PAST PARTICIPLE
annehmend	**angenommen**

PRESENT INDICATIVE	PRESENT SUBJUNCTIVE
ich nehme an	**ich** nehme an
du nimmst an	**du** nehmest an
er nimmt an	**er** nehme an
wir nehmen an	**wir** nehmen an
ihr nehmt an	**ihr** nehmet an
sie nehmen an	**sie** nehmen an

IMPERFECT INDICATIVE	IMPERFECT SUBJUNCTIVE
ich nahm an	**ich** nähme an
du nahmst an	**du** nähmest an
er nahm an	**er** nähme an
wir nahmen an	**wir** nähmen an
ihr nahmt an	**ihr** nähmet an
sie nahmen an	**sie** nähmen an

FUTURE INDICATIVE	CONDITIONAL
ich werde annehmen	**ich** würde annehmen
du wirst annehmen	**du** würdest annehmen
er wird annehmen	**er** würde annehmen
wir werden annehmen	**wir** würden annehmen
ihr werdet annehmen	**ihr** würdet annehmen
sie werden annehmen	**sie** würden annehmen

PERFECT INDICATIVE	PLUPERFECT SUBJUNCTIVE
ich habe **angenommen**	**ich** hätte **angenommen**
du hast **angenommen**	**du** hättest **angenommen**
er hat **angenommen**	**er** hätte **angenommen**
wir haben **angenommen**	**wir** hätten **angenommen**
ihr habt **angenommen**	**ihr** hättet **angenommen**
sie haben **angenommen**	**sie** hätten **angenommen**

IMPERATIVE: **nimm** an! nehmen **wir** an! nehmt an! nehmen **Sie** an!

to work

PRESENT PARTICIPLE	PAST PARTICIPLE
arbeitend	gearbeitet

PRESENT INDICATIVE	*PRESENT SUBJUNCTIVE*
ich arbeite	ich arbeite
du arbeitest	du arbeitest
er arbeitet	er arbeite
wir arbeiten	wir arbeiten
ihr arbeitet	ihr arbeitet
sie arbeiten	sie arbeiten

IMPERFECT INDICATIVE	*IMPERFECT SUBJUNCTIVE*
ich arbeitete	ich arbeitete
du arbeitetest	du arbeitetest
er arbeitete	er arbeitete
wir arbeiteten	wir arbeiteten
ihr arbeitetet	ihr arbeitetet
sie arbeiteten	sie arbeiteten

FUTURE INDICATIVE	*CONDITIONAL*
ich werde arbeiten	ich würde arbeiten
du wirst arbeiten	du würdest arbeiten
er wird arbeiten	er würde arbeiten
wir werden arbeiten	wir würden arbeiten
ihr werdet arbeiten	ihr würdet arbeiten
sie werden arbeiten	sie würden arbeiten

PERFECT INDICATIVE	*PLUPERFECT SUBJUNCTIVE*
ich habe gearbeitet	ich hätte gearbeitet
du hast gearbeitet	du hättest gearbeitet
er hat gearbeitet	er hätte gearbeitet
wir haben gearbeitet	wir hätten gearbeitet
ihr habt gearbeitet	ihr hättet gearbeitet
sie haben gearbeitet	sie hätten gearbeitet

IMPERATIVE: arbeite! arbeiten wir! arbeitet! arbeiten Sie!

3 **atmen** [weak, *haben*]

to breathe

PRESENT PARTICIPLE	PAST PARTICIPLE
atmen**d**	**ge**atme**t**

PRESENT INDICATIVE	PRESENT SUBJUNCTIVE
ich atme	ich atme
du atmest	du atmest
er atmet	er atme
wir atmen	wir atmen
ihr atmet	ihr atmet
sie atmen	sie atmen

IMPERFECT INDICATIVE	IMPERFECT SUBJUNCTIVE
ich atmete	ich atmete
du atmetest	du atmetest
er atmete	er atmete
wir atmeten	wir atmeten
ihr atmetet	ihr atmetet
sie atmeten	sie atmeten

FUTURE INDICATIVE	CONDITIONAL
ich werde atmen	ich würde atmen
du wirst atmen	du würdest atmen
er wird atmen	er würde atmen
wir werden atmen	wir würden atmen
ihr werdet atmen	ihr würdet atmen
sie werden atmen	sie würden atmen

PERFECT INDICATIVE	PLUPERFECT SUBJUNCTIVE
ich habe **ge**atme**t**	ich hätte **ge**atme**t**
du hast **ge**atme**t**	du hättest **ge**atme**t**
er hat **ge**atme**t**	er hätte **ge**atme**t**
wir haben **ge**atme**t**	wir hätten **ge**atme**t**
ihr habt **ge**atme**t**	ihr hättet **ge**atme**t**
sie haben **ge**atme**t**	sie hätten **ge**atme**t**

IMPERATIVE: atme! atmen **wir**! atmet! atmen **Sie**!

to be enough

PRESENT PARTICIPLE	PAST PARTICIPLE
ausreichend	ausgereicht

PRESENT INDICATIVE	PRESENT SUBJUNCTIVE
ich reiche aus	**ich** reiche aus
du reichst aus	**du** reichest aus
er reicht aus	**er** reiche aus
wir reichen aus	**wir** reichen aus
ihr reicht aus	**ihr** reichet aus
sie reichen aus	**sie** reichen aus

IMPERFECT INDICATIVE	IMPERFECT SUBJUNCTIVE
ich reichte aus	**ich** reichte aus
du reichtest aus	**du** reichtest aus
er reichte aus	**er** reichte aus
wir reichten aus	**wir** reichten aus
ihr reichtet aus	**ihr** reichtet aus
sie reichten aus	**sie** reichten aus

FUTURE INDICATIVE	CONDITIONAL
ich werde ausreichen	**ich** würde ausreichen
du wirst ausreichen	**du** würdest ausreichen
er wird ausreichen	**er** würde ausreichen
wir werden ausreichen	**wir** würden ausreichen
ihr werdet ausreichen	**ihr** würdet ausreichen
sie werden ausreichen	**sie** würden ausreichen

PERFECT INDICATIVE	PLUPERFECT SUBJUNCTIVE
ich habe ausgereicht	**ich** hätte ausgereicht
du hast ausgereicht	**du** hättest ausgereicht
er hat ausgereicht	**er** hätte ausgereicht
wir haben ausgereicht	**wir** hätten ausgereicht
ihr habt ausgereicht	**ihr** hättet ausgereicht
sie haben ausgereicht	**sie** hätten ausgereicht

IMPERATIVE: reich(e) aus! reichen **wir** aus! reicht aus! reichen **Sie** aus!

5 **backen** [strong, *haben*]
to bake

PRESENT PARTICIPLE	PAST PARTICIPLE
backen**d**	**gebacken**

PRESENT INDICATIVE	PRESENT SUBJUNCTIVE
ich backe	ich backe
du bäckst	du backest
er bäckt	er backe
wir backen	wir backen
ihr backt	ihr backet
sie backen	sie backen

IMPERFECT INDICATIVE	IMPERFECT SUBJUNCTIVE
ich backte	ich backte
du backtest	du backtest
er backte	er backte
wir backten	wir backten
ihr backtet	ihr backtet
sie backten	sie backten

FUTURE INDICATIVE	CONDITIONAL
ich werde backen	ich würde backen
du wirst backen	du würdest backen
er wird backen	er würde backen
wir werden backen	wir würden backen
ihr werdet backen	ihr würdet backen
sie werden backen	sie würden backen

PERFECT INDICATIVE	PLUPERFECT SUBJUNCTIVE
ich habe **gebacken**	ich hätte **gebacken**
du hast **gebacken**	du hättest **gebacken**
er hat **gebacken**	er hätte **gebacken**
wir haben **gebacken**	wir hätten **gebacken**
ihr habt **gebacken**	ihr hättet **gebacken**
sie haben **gebacken**	sie hätten **gebacken**

IMPERATIVE: back(**e**)! back**en wir**! back**t**! backen **Sie**!

to command

PRESENT PARTICIPLE	PAST PARTICIPLE
befehlend	**befohlen**

PRESENT INDICATIVE		PRESENT SUBJUNCTIVE	
ich	befehle	**ich**	befehle
du	**befiehlst**	**du**	befehlest
er	**befiehlt**	**er**	befehle
wir	befehlen	**wir**	befehlen
ihr	befehlt	**ihr**	befehlet
sie	befehlen	**sie**	befehlen

IMPERFECT INDICATIVE		IMPERFECT SUBJUNCTIVE	
ich	**befahl**	**ich**	**befähle**
du	**befahlst**	**du**	**befählest**
er	**befahl**	**er**	**befähle**
wir	**befahlen**	**wir**	**befählen**
ihr	**befahlt**	**ihr**	**befählet**
sie	**befahlen**	**sie**	**befählen**

FUTURE INDICATIVE		CONDITIONAL	
ich	werde befehlen	**ich**	würde befehlen
du	wirst befehlen	**du**	würdest befehlen
er	wird befehlen	**er**	würde befehlen
wir	werden befehlen	**wir**	würden befehlen
ihr	werdet befehlen	**ihr**	würdet befehlen
sie	werden befehlen	**sie**	würden befehlen

PERFECT INDICATIVE		PLUPERFECT SUBJUNCTIVE	
ich	habe **befohlen**	**ich**	hätte **befohlen**
du	hast **befohlen**	**du**	hättest **befohlen**
er	hat **befohlen**	**er**	hätte **befohlen**
wir	haben **befohlen**	**wir**	hätten **befohlen**
ihr	habt **befohlen**	**ihr**	hättet **befohlen**
sie	haben **befohlen**	**sie**	hätten **befohlen**

IMPERATIVE: **befiehl**! befehl**en wir**! befehl**t**! befehl**en Sie**!

7 **beginnen** [strong, inseparable, *haben*]
to begin

PRESENT PARTICIPLE	PAST PARTICIPLE
beginnend	**begonnen**

PRESENT INDICATIVE		PRESENT SUBJUNCTIVE	
ich	beginne	ich	beginne
du	beginnst	du	beginnest
er	beginnt	er	beginne
wir	beginnen	wir	beginnen
ihr	beginnt	ihr	beginnet
sie	beginnen	sie	beginnen

IMPERFECT INDICATIVE		IMPERFECT SUBJUNCTIVE	
ich	begann	ich	begänne
du	begannst	du	begännest
er	begann	er	begänne
wir	begannen	wir	begännen
ihr	begannt	ihr	begännet
sie	begannen	sie	begännen

FUTURE INDICATIVE		CONDITIONAL	
ich	werde beginnen	ich	würde beginnen
du	wirst beginnen	du	würdest beginnen
er	wird beginnen	er	würde beginnen
wir	werden beginnen	wir	würden beginnen
ihr	werdet beginnen	ihr	würdet beginnen
sie	werden beginnen	sie	würden beginnen

PERFECT INDICATIVE		PLUPERFECT SUBJUNCTIVE	
ich	habe **begonnen**	ich	hätte **begonnen**
du	hast **begonnen**	du	hättest **begonnen**
er	hat **begonnen**	er	hätte **begonnen**
wir	haben **begonnen**	wir	hätten **begonnen**
ihr	habt **begonnen**	ihr	hättet **begonnen**
sie	haben **begonnen**	sie	hätten **begonnen**

IMPERATIVE: beginn(**e**)! beginn**en wir**! beginn**t**! beginn**en Sie**!

to bite

PRESENT PARTICIPLE	PAST PARTICIPLE
beißend	gebissen

PRESENT INDICATIVE	PRESENT SUBJUNCTIVE
ich beiße	ich beiße
du beißt	du beißest
er beißt	er beiße
wir beißen	wir beißen
ihr beißt	ihr beißet
sie beißen	sie beißen

IMPERFECT INDICATIVE	IMPERFECT SUBJUNCTIVE
ich biß	ich bisse
du bissest	du bissest
er biß	er bisse
wir bissen	wir bissen
ihr bißt	ihr bisset
sie bissen	sie bissen

FUTURE INDICATIVE	CONDITIONAL
ich werde beißen	ich würde beißen
du wirst beißen	du würdest beißen
er wird beißen	er würde beißen
wir werden beißen	wir würden beißen
ihr werdet beißen	ihr würdet beißen
sie werden beißen	sie würden beißen

PERFECT INDICATIVE	PLUPERFECT SUBJUNCTIVE
ich habe gebissen	ich hätte gebissen
du hast gebissen	du hättest gebissen
er hat gebissen	er hätte gebissen
wir haben gebissen	wir hätten gebissen
ihr habt gebissen	ihr hättet gebissen
sie haben gebissen	sie hätten gebissen

IMPERATIVE: beiß(**e**)! beiß**en wir**! beiß**t**! beiß**en Sie**!

9 **bergen** [strong, *haben*]

to salvage

PRESENT PARTICIPLE	PAST PARTICIPLE
bergend	**geborgen**

PRESENT INDICATIVE		PRESENT SUBJUNCTIVE	
ich	berge	ich	berge
du	birgst	du	bergest
er	birgt	er	berge
wir	bergen	wir	bergen
ihr	bergt	ihr	berget
sie	bergen	sie	bergen

IMPERFECT INDICATIVE		IMPERFECT SUBJUNCTIVE	
ich	barg	ich	bärge
du	bargst	du	bärgest
er	barg	er	bärge
wir	bargen	wir	bärgen
ihr	bargt	ihr	bärget
sie	bargen	sie	bärgen

FUTURE INDICATIVE		CONDITIONAL	
ich	werde bergen	ich	würde bergen
du	wirst bergen	du	würdest bergen
er	wird bergen	er	würde bergen
wir	werden bergen	wir	würden bergen
ihr	werdet bergen	ihr	würdet bergen
sie	werden bergen	sie	würden bergen

PERFECT INDICATIVE		PLUPERFECT SUBJUNCTIVE	
ich	habe **geborgen**	ich	hätte **geborgen**
du	hast **geborgen**	du	hättest **geborgen**
er	hat **geborgen**	er	hätte **geborgen**
wir	haben **geborgen**	wir	hätten **geborgen**
ihr	habt **geborgen**	ihr	hättet **geborgen**
sie	haben **geborgen**	sie	hätten **geborgen**

IMPERATIVE: **birg**! bergen **wir**! bergt! bergen **Sie**!

to burst

PRESENT PARTICIPLE	PAST PARTICIPLE
berstend	geborsten

PRESENT INDICATIVE		PRESENT SUBJUNCTIVE	
ich	berste	ich	berste
du	birst	du	berstest
er	birst	er	berste
wir	bersten	wir	bersten
ihr	berstet	ihr	berstet
sie	bersten	sie	bersten

IMPERFECT INDICATIVE		IMPERFECT SUBJUNCTIVE	
ich	barst	ich	bärste
du	barstest	du	bärstest
er	barst	er	bärste
wir	barsten	wir	bärsten
ihr	barstet	ihr	bärstet
sie	barsten	sie	bärsten

FUTURE INDICATIVE		CONDITIONAL	
ich	werde bersten	ich	würde bersten
du	wirst bersten	du	würdest bersten
er	wird bersten	er	würde bersten
wir	werden bersten	wir	würden bersten
ihr	werdet bersten	ihr	würdet bersten
sie	werden bersten	sie	würden bersten

PERFECT INDICATIVE		PLUPERFECT SUBJUNCTIVE	
ich	bin geborsten	ich	wäre geborsten
du	bist geborsten	du	wär(e)st geborsten
er	ist geborsten	er	wäre geborsten
wir	sind geborsten	wir	wären geborsten
ihr	seid geborsten	ihr	wär(e)t geborsten
sie	sind geborsten	sie	wären geborsten

IMPERATIVE: **birst**! bersten **wir**! berstet! bersten Sie!

11 **bestellen** [weak, inseparable, *haben*]
to order

PRESENT PARTICIPLE	PAST PARTICIPLE
bestellen**d**	bestell**t**

PRESENT INDICATIVE	PRESENT SUBJUNCTIVE
ich bestelle	ich bestelle
du bestellst	du bestellest
er bestellt	er bestelle
wir bestellen	wir bestellen
ihr bestellt	ihr bestellet
sie bestellen	sie bestellen

IMPERFECT INDICATIVE	IMPERFECT SUBJUNCTIVE
ich bestellte	ich bestellte
du bestelltest	du bestelltest
er bestellte	er bestellte
wir bestellten	wir bestellten
ihr bestelltet	ihr bestelltet
sie bestellten	sie bestellten

FUTURE INDICATIVE	CONDITIONAL
ich werde bestellen	ich würde bestellen
du wirst bestellen	du würdest bestellen
er wird bestellen	er würde bestellen
wir werden bestellen	wir würden bestellen
ihr werdet bestellen	ihr würdet bestellen
sie werden bestellen	sie würden bestellen

PERFECT INDICATIVE	PLUPERFECT SUBJUNCTIVE
ich habe bestellt	ich hätte bestellt
du hast bestellt	du hättest bestellt
er hat bestellt	er hätte bestellt
wir haben bestellt	wir hätten bestellt
ihr habt bestellt	ihr hättet bestellt
sie haben bestellt	sie hätten bestellt

IMPERATIVE: bestell(**e**)! bestell**en** wir! bestell**t**! bestell**en** Sie!

to persuade

PRESENT PARTICIPLE	PAST PARTICIPLE
bewege**nd**	**bewogen**

PRESENT INDICATIVE	PRESENT SUBJUNCTIVE
ich bewege	ich bewege
du beweg**st**	du beweg**est**
er beweg**t**	er bewege
wir bewege**n**	wir bewege**n**
ihr beweg**t**	ihr bewege**t**
sie bewege**n**	sie bewege**n**

IMPERFECT INDICATIVE	IMPERFECT SUBJUNCTIVE
ich bewog	ich bewöge
du bewog**st**	du bewög**est**
er bewog	er bewöge
wir bewog**en**	wir bewög**en**
ihr bewog**t**	ihr bewög**et**
sie bewog**en**	sie bewög**en**

FUTURE INDICATIVE	CONDITIONAL
ich werde bewegen	ich würde bewegen
du wirst bewegen	du würdest bewegen
er wird bewegen	er würde bewegen
wir werden bewegen	wir würden bewegen
ihr werdet bewegen	ihr würdet bewegen
sie werden bewegen	sie würden bewegen

PERFECT INDICATIVE	PLUPERFECT SUBJUNCTIVE
ich habe **bewogen**	ich hätte **bewogen**
du hast **bewogen**	du hättest **bewogen**
er hat **bewogen**	er hätte **bewogen**
wir haben **bewogen**	wir hätten **bewogen**
ihr habt **bewogen**	ihr hättet **bewogen**
sie haben **bewogen**	sie hätten **bewogen**

IMPERATIVE: beweg(**e**)! beweg**en wir**! beweg**t**! beweg**en Sie**!
**Conjugated as a weak verb when the meaning is "to move".*

35

13 **biegen** [strong, *haben/sein*]

to bend/to turn (*transitive/intransitive*)

PRESENT PARTICIPLE	PAST PARTICIPLE
biegen**d**	**gebogen**

PRESENT INDICATIVE	PRESENT SUBJUNCTIVE
ich biege	ich biege
du biegst	du biegest
er biegt	er biege
wir biegen	wir biegen
ihr biegt	ihr bieget
sie biegen	sie biegen

IMPERFECT INDICATIVE	IMPERFECT SUBJUNCTIVE
ich bog	ich böge
du bogst	du bögest
er bog	er böge
wir bogen	wir bögen
ihr bogt	ihr böget
sie bogen	sie bögen

FUTURE INDICATIVE	CONDITIONAL
ich werde biegen	ich würde biegen
du wirst biegen	du würdest biegen
er wird biegen	er würde biegen
wir werden biegen	wir würden biegen
ihr werdet biegen	ihr würdet biegen
sie werden biegen	sie würden biegen

PERFECT INDICATIVE	PLUPERFECT SUBJUNCTIVE
ich habe **gebogen**[*]	ich hätte **gebogen**[*]
du hast **gebogen**	du hättest **gebogen**
er hat **gebogen**	er hätte **gebogen**
wir haben **gebogen**	wir hätten **gebogen**
ihr habt **gebogen**	ihr hättet **gebogen**
sie haben **gebogen**	sie hätten **gebogen**

IMPERATIVE: bieg(**e**)! bieg**en wir**! biegt! bieg**en Sie**!
[*]*OR*: **ich** bin/wäre **gebogen** *etc* (*when intransitive*).

to offer

PRESENT PARTICIPLE	PAST PARTICIPLE
bieten**d**	**geboten**

PRESENT INDICATIVE		PRESENT SUBJUNCTIVE	
ich	biete	ich	biete
du	bietest	du	bietest
er	bietet	er	biete
wir	bieten	wir	bieten
ihr	bietet	ihr	bietet
sie	bieten	sie	bieten

IMPERFECT INDICATIVE		IMPERFECT SUBJUNCTIVE	
ich	bot	ich	böte
du	bot(e)st	du	bötest
er	bot	er	böte
wir	boten	wir	böten
ihr	botet	ihr	bötet
sie	boten	sie	böten

FUTURE INDICATIVE		CONDITIONAL	
ich	werde bieten	ich	würde bieten
du	wirst bieten	du	würdest bieten
er	wird bieten	er	würde bieten
wir	werden bieten	wir	würden bieten
ihr	werdet bieten	ihr	würdet bieten
sie	werden bieten	sie	würden bieten

PERFECT INDICATIVE		PLUPERFECT SUBJUNCTIVE	
ich	habe **geboten**	ich	hätte **geboten**
du	hast **geboten**	du	hättest **geboten**
er	hat **geboten**	er	hätte **geboten**
wir	haben **geboten**	wir	hätten **geboten**
ihr	habt **geboten**	ihr	hättet **geboten**
sie	haben **geboten**	sie	hätten **geboten**

IMPERATIVE: biet(e)! bieten **wir**! bietet! bieten **Sie**!

15 **binden** [strong, *haben*]

to tie

PRESENT PARTICIPLE	PAST PARTICIPLE
binde**nd**	**gebunden**

PRESENT INDICATIVE		PRESENT SUBJUNCTIVE	
ich	binde	ich	binde
du	bindest	du	bindest
er	bindet	er	binde
wir	binden	wir	binden
ihr	bindet	ihr	bindet
sie	binden	sie	binden

IMPERFECT INDICATIVE		IMPERFECT SUBJUNCTIVE	
ich	band	ich	bände
du	band(e)st	du	bändest
er	band	er	bände
wir	banden	wir	bänden
ihr	bandet	ihr	bändet
sie	banden	sie	bänden

FUTURE INDICATIVE		CONDITIONAL	
ich	werde binden	ich	würde binden
du	wirst binden	du	würdest binden
er	wird binden	er	würde binden
wir	werden binden	wir	würden binden
ihr	werdet binden	ihr	würdet binden
sie	werden binden	sie	würden binden

PERFECT INDICATIVE		PLUPERFECT SUBJUNCTIVE	
ich	habe **gebunden**	ich	hätte **gebunden**
du	hast **gebunden**	du	hättest **gebunden**
er	hat **gebunden**	er	hätte **gebunden**
wir	haben **gebunden**	wir	hätten **gebunden**
ihr	habt **gebunden**	ihr	hättet **gebunden**
sie	haben **gebunden**	sie	hätten **gebunden**

IMPERATIVE: bind(e)! binden wir! bindet! binden Sie!

to request

PRESENT PARTICIPLE	PAST PARTICIPLE
bitt**end**	**gebeten**

PRESENT INDICATIVE		PRESENT SUBJUNCTIVE	
ich	bitte	ich	bitte
du	bittest	du	bittest
er	bittet	er	bitte
wir	bitten	wir	bitten
ihr	bittet	ihr	bittet
sie	bitten	sie	bitten

IMPERFECT INDICATIVE		IMPERFECT SUBJUNCTIVE	
ich	bat	ich	bäte
du	bat(e)st	du	bätest
er	bat	er	bäte
wir	baten	wir	bäten
ihr	batet	ihr	bätet
sie	baten	sie	bäten

FUTURE INDICATIVE		CONDITIONAL	
ich	werde bitten	ich	würde bitten
du	wirst bitten	du	würdest bitten
er	wird bitten	er	würde bitten
wir	werden bitten	wir	würden bitten
ihr	werdet bitten	ihr	würdet bitten
sie	werden bitten	sie	würden bitten

PERFECT INDICATIVE		PLUPERFECT SUBJUNCTIVE	
ich	habe **gebeten**	ich	hätte **gebeten**
du	hast **gebeten**	du	hättest **gebeten**
er	hat **gebeten**	er	hätte **gebeten**
wir	haben **gebeten**	wir	hätten **gebeten**
ihr	habt **gebeten**	ihr	hättet **gebeten**
sie	haben **gebeten**	sie	hätten **gebeten**

IMPERATIVE: bitt(**e**)! bitt**en wir**! bitt**et**! bitt**en Sie**!

17 **blasen** [strong, *haben*]
to blow

PRESENT PARTICIPLE	PAST PARTICIPLE
blasen**d**	**geblasen**

PRESENT INDICATIVE		PRESENT SUBJUNCTIVE	
ich	blase	ich	blase
du	bläst	du	blasest
er	bläst	er	blase
wir	blasen	wir	blasen
ihr	blast	ihr	blaset
sie	blasen	sie	blasen

IMPERFECT INDICATIVE		IMPERFECT SUBJUNCTIVE	
ich	**blies**	ich	**bliese**
du	**bliesest**	du	**bliesest**
er	**blies**	er	**bliese**
wir	**bliesen**	wir	**bliesen**
ihr	**bliest**	ihr	**blieset**
sie	**bliesen**	sie	**bliesen**

FUTURE INDICATIVE		CONDITIONAL	
ich	werde blasen	ich	würde blasen
du	wirst blasen	du	würdest blasen
er	wird blasen	er	würde blasen
wir	werden blasen	wir	würden blasen
ihr	werdet blasen	ihr	würdet blasen
sie	werden blasen	sie	würden blasen

PERFECT INDICATIVE		PLUPERFECT SUBJUNCTIVE	
ich	habe **geblasen**	ich	hätte **geblasen**
du	hast **geblasen**	du	hättest **geblasen**
er	hat **geblasen**	er	hätte **geblasen**
wir	haben **geblasen**	wir	hätten **geblasen**
ihr	habt **geblasen**	ihr	hättet **geblasen**
sie	haben **geblasen**	sie	hätten **geblasen**

IMPERATIVE: blas(**e**)! blas**en wir**! blast! blas**en Sie**!

to remain

PRESENT PARTICIPLE	PAST PARTICIPLE
bleibe**nd**	**geblieben**

PRESENT INDICATIVE	PRESENT SUBJUNCTIVE
ich bleibe	ich bleibe
du bleib**st**	du bleibe**st**
er bleib**t**	er bleibe
wir bleib**en**	wir bleib**en**
ihr bleib**t**	ihr bleibe**t**
sie bleib**en**	sie bleib**en**

IMPERFECT INDICATIVE	IMPERFECT SUBJUNCTIVE
ich **blieb**	ich **bliebe**
du **bliebst**	du **bliebest**
er **blieb**	er **bliebe**
wir **blieben**	wir **blieben**
ihr **bliebt**	ihr **bliebet**
sie **blieben**	sie **blieben**

FUTURE INDICATIVE	CONDITIONAL
ich werde bleiben	ich würde bleiben
du wirst bleiben	du würdest bleiben
er wird bleiben	er würde bleiben
wir werden bleiben	wir würden bleiben
ihr werdet bleiben	ihr würdet bleiben
sie werden bleiben	sie würden bleiben

PERFECT INDICATIVE	PLUPERFECT SUBJUNCTIVE
ich bin **geblieben**	ich wäre **geblieben**
du bist **geblieben**	du wär(e)st **geblieben**
er ist **geblieben**	er wäre **geblieben**
wir sind **geblieben**	wir wären **geblieben**
ihr seid **geblieben**	ihr wär(e)t **geblieben**
sie sind **geblieben**	sie wären **geblieben**

IMPERATIVE: bleib(**e**)! bleib**en wir**! bleib**t**! bleib**en Sie**!

41

19 **braten** [strong, *haben*]

to fry

PRESENT PARTICIPLE	PAST PARTICIPLE
brate**nd**	**gebraten**

PRESENT INDICATIVE	PRESENT SUBJUNCTIVE
ich brate	ich brate
du brätst	du bratest
er brät	er brate
wir braten	wir braten
ihr bratet	ihr bratet
sie braten	sie braten

IMPERFECT INDICATIVE	IMPERFECT SUBJUNCTIVE
ich briet	ich briete
du briet(e)st	du brietest
er briet	er briete
wir brieten	wir brieten
ihr brietet	ihr brietet
sie brieten	sie brieten

FUTURE INDICATIVE	CONDITIONAL
ich werde braten	ich würde braten
du wirst braten	du würdest braten
er wird braten	er würde braten
wir werden braten	wir würden braten
ihr werdet braten	ihr würdet braten
sie werden braten	sie würden braten

PERFECT INDICATIVE	PLUPERFECT SUBJUNCTIVE
ich habe **gebraten**	ich hätte **gebraten**
du hast **gebraten**	du hättest **gebraten**
er hat **gebraten**	er hätte **gebraten**
wir haben **gebraten**	wir hätten **gebraten**
ihr habt **gebraten**	ihr hättet **gebraten**
sie haben **gebraten**	sie hätten **gebraten**

IMPERATIVE: brat(**e**)! brate**n wir**! brat**et**! braten **Sie**!

to break (*transitive/intransitive*)

PRESENT PARTICIPLE	PAST PARTICIPLE
brech**end**	**gebrochen**

PRESENT INDICATIVE	PRESENT SUBJUNCTIVE
ich breche	ich breche
du **brichst**	du brech**est**
er **bricht**	er breche
wir brechen	wir brechen
ihr brecht	ihr brech**et**
sie brechen	sie brechen

IMPERFECT INDICATIVE	IMPERFECT SUBJUNCTIVE
ich **brach**	ich **bräche**
du **brachst**	du **brächest**
er **brach**	er **bräche**
wir **brachen**	wir **brächen**
ihr **bracht**	ihr **brächet**
sie **brachen**	sie **brächen**

FUTURE INDICATIVE	CONDITIONAL
ich werde brechen	ich würde brechen
du wirst brechen	du würdest brechen
er wird brechen	er würde brechen
wir werden brechen	wir würden brechen
ihr werdet brechen	ihr würdet brechen
sie werden brechen	sie würden brechen

PERFECT INDICATIVE	PLUPERFECT SUBJUNCTIVE
ich habe **gebrochen***	ich hätte **gebrochen***
du hast **gebrochen**	du hättest **gebrochen**
er hat **gebrochen**	er hätte **gebrochen**
wir haben **gebrochen**	wir hätten **gebrochen**
ihr habt **gebrochen**	ihr hättet **gebrochen**
sie haben **gebrochen**	sie hätten **gebrochen**

IMPERATIVE: **brich**! brechen **wir**! brecht! brech**en Sie**!
*OR: **ich** bin/wäre **gebrochen** etc (*when intransitive*).

21 **brennen** [mixed, *haben*]

to burn

PRESENT PARTICIPLE	PAST PARTICIPLE
brennen**d**	gebrannt

PRESENT INDICATIVE	PRESENT SUBJUNCTIVE
ich brenne	ich brenne
du brennst	du brennest
er brennt	er brenne
wir brennen	wir brennen
ihr brennt	ihr brennet
sie brennen	sie brennen

IMPERFECT INDICATIVE	IMPERFECT SUBJUNCTIVE
ich brannte	ich brennte
du branntest	du brenntest
er brannte	er brennte
wir brannten	wir brennten
ihr branntet	ihr brenntet
sie brannten	sie brennten

FUTURE INDICATIVE	CONDITIONAL
ich werde brennen	ich würde brennen
du wirst brennen	du würdest brennen
er wird brennen	er würde brennen
wir werden brennen	wir würden brennen
ihr werdet brennen	ihr würdet brennen
sie werden brennen	sie würden brennen

PERFECT INDICATIVE	PLUPERFECT SUBJUNCTIVE
ich habe gebrannt	ich hätte gebrannt
du hast gebrannt	du hättest gebrannt
er hat gebrannt	er hätte gebrannt
wir haben gebrannt	wir hätten gebrannt
ihr habt gebrannt	ihr hättet gebrannt
sie haben gebrannt	sie hätten gebrannt

IMPERATIVE: brenn(**e**)! brenn**en wir**! brennt! brenn**en Sie**!

to bring

PRESENT PARTICIPLE	PAST PARTICIPLE
bringen**d**	**gebracht**

PRESENT INDICATIVE	PRESENT SUBJUNCTIVE
ich bringe	ich bringe
du bringst	du bringest
er bringt	er bringe
wir bringen	wir bringen
ihr bringt	ihr bringet
sie bringen	sie bringen

IMPERFECT INDICATIVE	IMPERFECT SUBJUNCTIVE
ich **brachte**	ich **brächte**
du **brachtest**	du **brächtest**
er **brachte**	er **brächte**
wir **brachten**	wir **brächten**
ihr **brachtet**	ihr **brächtet**
sie **brachten**	sie **brächten**

FUTURE INDICATIVE	CONDITIONAL
ich werde bringen	ich würde bringen
du wirst bringen	du würdest bringen
er wird bringen	er würde bringen
wir werden bringen	wir würden bringen
ihr werdet bringen	ihr würdet bringen
sie werden bringen	sie würden bringen

PERFECT INDICATIVE	PLUPERFECT SUBJUNCTIVE
ich habe **gebracht**	ich hätte **gebracht**
du hast **gebracht**	du hättest **gebracht**
er hat **gebracht**	er hätte **gebracht**
wir haben **gebracht**	wir hätten **gebracht**
ihr habt **gebracht**	ihr hättet **gebracht**
sie haben **gebracht**	sie hätten **gebracht**

IMPERATIVE: bring(**e**)! bring**en wir**! bringt! bring**en Sie**!

23 **denken** [mixed, *haben*]
to think

PRESENT PARTICIPLE	PAST PARTICIPLE
denkend	gedacht

PRESENT INDICATIVE	PRESENT SUBJUNCTIVE
ich denke	ich denke
du denkst	du denkest
er denkt	er denke
wir denken	wir denken
ihr denkt	ihr denket
sie denken	sie denken

IMPERFECT INDICATIVE	IMPERFECT SUBJUNCTIVE
ich dachte	ich dächte
du dachtest	du dächtest
er dachte	er dächte
wir dachten	wir dächten
ihr dachtet	ihr dächtet
sie dachten	sie dächten

FUTURE INDICATIVE	CONDITIONAL
ich werde denken	ich würde denken
du wirst denken	du würdest denken
er wird denken	er würde denken
wir werden denken	wir würden denken
ihr werdet denken	ihr würdet denken
sie werden denken	sie würden denken

PERFECT INDICATIVE	PLUPERFECT SUBJUNCTIVE
ich habe gedacht	ich hätte gedacht
du hast gedacht	du hättest gedacht
er hat gedacht	er hätte gedacht
wir haben gedacht	wir hätten gedacht
ihr habt gedacht	ihr hättet gedacht
sie haben gedacht	sie hätten gedacht

IMPERATIVE: denk(e)! denken wir! denkt! denken Sie!

to thresh

PRESENT PARTICIPLE	PAST PARTICIPLE
dreschen**d**	**gedroschen**

PRESENT INDICATIVE	PRESENT SUBJUNCTIVE
ich dresche	ich dresche
du drischst	du dreschest
er drischt	er dresche
wir dreschen	wir dreschen
ihr drescht	ihr dreschet
sie dreschen	sie dreschen

IMPERFECT INDICATIVE	IMPERFECT SUBJUNCTIVE
ich drosch	ich drösche
du drosch(e)st	du dröschest
er drosch	er drösche
wir droschen	wir dröschen
ihr droscht	ihr dröschet
sie droschen	sie dröschen

FUTURE INDICATIVE	CONDITIONAL
ich werde dreschen	ich würde dreschen
du wirst dreschen	du würdest dreschen
er wird dreschen	er würde dreschen
wir werden dreschen	wir würden dreschen
ihr werdet dreschen	ihr würdet dreschen
sie werden dreschen	sie würden dreschen

PERFECT INDICATIVE	PLUPERFECT SUBJUNCTIVE
ich habe **gedroschen**	ich hätte **gedroschen**
du hast **gedroschen**	du hättest **gedroschen**
er hat **gedroschen**	er hätte **gedroschen**
wir haben **gedroschen**	wir hätten **gedroschen**
ihr habt **gedroschen**	ihr hättet **gedroschen**
sie haben **gedroschen**	sie hätten **gedroschen**

IMPERATIVE: **drisch**! dresch**en wir**! dresch**t**! dreschen **Sie**!

25 **dringen** [strong, *sein*]

to penetrate

PRESENT PARTICIPLE	PAST PARTICIPLE
dringe**nd**	**gedrungen**

PRESENT INDICATIVE		PRESENT SUBJUNCTIVE	
ich	dringe	ich	dringe
du	dringst	du	dringest
er	dringt	er	dringe
wir	dringen	wir	dringen
ihr	dringt	ihr	dringet
sie	dringen	sie	dringen

IMPERFECT INDICATIVE		IMPERFECT SUBJUNCTIVE	
ich	**drang**	ich	**dränge**
du	**drangst**	du	**drängest**
er	**drang**	er	**dränge**
wir	**drangen**	wir	**drängen**
ihr	**drangt**	ihr	**dränget**
sie	**drangen**	sie	**drängen**

FUTURE INDICATIVE		CONDITIONAL	
ich	werde dringen	ich	würde dringen
du	wirst dringen	du	würdest dringen
er	wird dringen	er	würde dringen
wir	werden dringen	wir	würden dringen
ihr	werdet dringen	ihr	würdet dringen
sie	werden dringen	sie	würden dringen

PERFECT INDICATIVE		PLUPERFECT SUBJUNCTIVE	
ich	bin **gedrungen**	ich	wäre **gedrungen**
du	bist **gedrungen**	du	wär(e)st **gedrungen**
er	ist **gedrungen**	er	wäre **gedrungen**
wir	sind **gedrungen**	wir	wären **gedrungen**
ihr	seid **gedrungen**	ihr	wär(e)t **gedrungen**
sie	sind **gedrungen**	sie	wären **gedrungen**

IMPERATIVE: dring(**e**)! dring**en wir**! dring**t**! dring**en Sie**!

to penetrate, infiltrate

PRESENT PARTICIPLE	PAST PARTICIPLE
durchsetz**end**	durchsetz**t**

PRESENT INDICATIVE		PRESENT SUBJUNCTIVE	
ich	durchsetz**e**	**ich**	durchsetz**e**
du	durchsetz**t**	**du**	durchsetz**est**
er	durchsetz**t**	**er**	durchsetz**e**
wir	durchsetz**en**	**wir**	durchsetz**en**
ihr	durchsetz**t**	**ihr**	durchsetz**et**
sie	durchsetz**en**	**sie**	durchsetz**en**

IMPERFECT INDICATIVE		IMPERFECT SUBJUNCTIVE	
ich	durchsetz**te**	**ich**	durchsetz**te**
du	durchsetz**test**	**du**	durchsetz**test**
er	durchsetz**te**	**er**	durchsetz**te**
wir	durchsetz**ten**	**wir**	durchsetz**ten**
ihr	durchsetz**tet**	**ihr**	durchsetz**tet**
sie	durchsetz**ten**	**sie**	durchsetz**ten**

FUTURE INDICATIVE		CONDITIONAL	
ich	werde durchsetzen	**ich**	würde durchsetzen
du	wirst durchsetzen	**du**	würdest durchsetzen
er	wird durchsetzen	**er**	würde durchsetzen
wir	werden durchsetzen	**wir**	würden durchsetzen
ihr	werdet durchsetzen	**ihr**	würdet durchsetzen
sie	werden durchsetzen	**sie**	würden durchsetzen

PERFECT INDICATIVE		PLUPERFECT SUBJUNCTIVE	
ich	habe durchsetzt	**ich**	hätte durchsetzt
du	hast durchsetzt	**du**	hättest durchsetzt
er	hat durchsetzt	**er**	hätte durchsetzt
wir	haben durchsetzt	**wir**	hätten durchsetzt
ihr	habt durchsetzt	**ihr**	hättet durchsetzt
sie	haben durchsetzt	**sie**	hätten durchsetzt

IMPERATIVE: durchsetz(**e**)! durchsetz**en wir**! durchsetz**t**! durch-
setz**en Sie**!

27 **durchsetzen**[2] [weak, separable, *haben*]

to enforce

PRESENT PARTICIPLE	PAST PARTICIPLE
durchsetz**end**	durch**gesetzt**

PRESENT INDICATIVE		PRESENT SUBJUNCTIVE	
ich	setze durch	ich	setze durch
du	setzt durch	du	setzest durch
er	setzt durch	er	setze durch
wir	setzen durch	wir	setzen durch
ihr	setzt durch	ihr	setzet durch
sie	setzen durch	sie	setzen durch

IMPERFECT INDICATIVE		IMPERFECT SUBJUNCTIVE	
ich	setzte durch	ich	setzte durch
du	setztest durch	du	setztest durch
er	setzte durch	er	setzte durch
wir	setzten durch	wir	setzten durch
ihr	setztet durch	ihr	setztet durch
sie	setzten durch	sie	setzten durch

FUTURE INDICATIVE		CONDITIONAL	
ich	werde durchsetzen	ich	würde durchsetzen
du	wirst durchsetzen	du	würdest durchsetzen
er	wird durchsetzen	er	würde durchsetzen
wir	werden durchsetzen	wir	würden durchsetzen
ihr	werdet durchsetzen	ihr	würdet durchsetzen
sie	werden durchsetzen	sie	würden durchsetzen

PERFECT INDICATIVE		PLUPERFECT SUBJUNCTIVE	
ich	habe durch**gesetzt**	ich	hätte durch**gesetzt**
du	hast durch**gesetzt**	du	hättest durch**gesetzt**
er	hat durch**gesetzt**	er	hätte durch**gesetzt**
wir	haben durch**gesetzt**	wir	hätten durch**gesetzt**
ihr	habt durch**gesetzt**	ihr	hättet durch**gesetzt**
sie	haben durch**gesetzt**	sie	hätten durch**gesetzt**

IMPERATIVE: setz(**e**) durch! setz**en** wir durch! setz**t** durch! setz**en** Sie durch!

to be allowed to

PRESENT PARTICIPLE	PAST PARTICIPLE
dürfen**d**	**gedurft/dürfen**[*]

PRESENT INDICATIVE	PRESENT SUBJUNCTIVE
ich **darf**	ich dürfe
du **darfst**	du dürfest
er **darf**	er dürfe
wir **dürfen**	wir dürfen
ihr **dürft**	ihr dürfet
sie **dürfen**	sie dürfen

IMPERFECT INDICATIVE	IMPERFECT SUBJUNCTIVE
ich **durfte**	ich dürfte
du **durftest**	du dürftest
er **durfte**	er dürfte
wir **durften**	wir dürften
ihr **durftet**	ihr dürftet
sie **durften**	sie dürften

FUTURE INDICATIVE	CONDITIONAL
ich werde dürfen	ich würde dürfen
du wirst dürfen	du würdest dürfen
er wird dürfen	er würde dürfen
wir werden dürfen	wir würden dürfen
ihr werdet dürfen	ihr würdet dürfen
sie werden dürfen	sie würden dürfen

PERFECT INDICATIVE	PLUPERFECT SUBJUNCTIVE
ich habe **gedurft/dürfen**	ich hätte **gedurft/dürfen**
du hast **gedurft/dürfen**	du hättest **gedurft/dürfen**
er hat **gedurft/dürfen**	er hätte **gedurft/dürfen**
wir haben **gedurft/dürfen**	wir hätten **gedurft/dürfen**
ihr habt **gedurft/dürfen**	ihr hättet **gedurft/dürfen**
sie haben **gedurft/dürfen**	sie hätten **gedurft/dürfen**

[*]*The second form is used when combined with an infinitive construction.*

29 **empfehlen** [strong, inseparable, *haben*]
to recommend

PRESENT PARTICIPLE	PAST PARTICIPLE
empfehlen**d**	empfohlen

PRESENT INDICATIVE		PRESENT SUBJUNCTIVE	
ich	empfehle	ich	empfehle
du	empfiehlst	du	empfehlest
er	empfiehlt	er	empfehle
wir	empfehlen	wir	empfehlen
ihr	empfehlt	ihr	empfehlet
sie	empfehlen	sie	empfehlen

IMPERFECT INDICATIVE		IMPERFECT SUBJUNCTIVE	
ich	empfahl	ich	empföhle
du	empfahlst	du	empföhlest
er	empfahl	er	empföhle
wir	empfahlen	wir	empföhlen
ihr	empfahlt	ihr	empföhlet
sie	empfahlen	sie	empföhlen

FUTURE INDICATIVE		CONDITIONAL	
ich	werde empfehlen	ich	würde empfehlen
du	wirst empfehlen	du	würdest empfehlen
er	wird empfehlen	er	würde empfehlen
wir	werden empfehlen	wir	würden empfehlen
ihr	werdet empfehlen	ihr	würdet empfehlen
sie	werden empfehlen	sie	würden empfehlen

PERFECT INDICATIVE		PLUPERFECT SUBJUNCTIVE	
ich	habe empfohlen	ich	hätte empfohlen
du	hast empfohlen	du	hättest empfohlen
er	hat empfohlen	er	hätte empfohlen
wir	haben empfohlen	wir	hätten empfohlen
ihr	habt empfohlen	ihr	hättet empfohlen
sie	haben empfohlen	sie	hätten empfohlen

IMPERATIVE: **empfiehl!** empfehlen **wir!** empfehlt! empfehlen **Sie!**

to discover

PRESENT PARTICIPLE	PAST PARTICIPLE
entdeckend	entdeckt

PRESENT INDICATIVE	PRESENT SUBJUNCTIVE
ich entdecke	**ich** entdecke
du entdeckst	**du** entdeckest
er entdeckt	**er** entdecke
wir entdecken	**wir** entdecken
ihr entdeckt	**ihr** entdecket
sie entdecken	**sie** entdecken

IMPERFECT INDICATIVE	IMPERFECT SUBJUNCTIVE
ich entdeckte	**ich** entdeckte
du entdecktest	**du** entdecktest
er entdeckte	**er** entdeckte
wir entdeckten	**wir** entdeckten
ihr entdecktet	**ihr** entdecktet
sie entdeckten	**sie** entdeckten

FUTURE INDICATIVE	CONDITIONAL
ich werde entdecken	**ich** würde entdecken
du wirst entdecken	**du** würdest entdecken
er wird entdecken	**er** würde entdecken
wir werden entdecken	**wir** würden entdecken
ihr werdet entdecken	**ihr** würdet entdecken
sie werden entdecken	**sie** würden entdecken

PERFECT INDICATIVE	PLUPERFECT SUBJUNCTIVE
ich habe entdeckt	**ich** hätte entdeckt
du hast entdeckt	**du** hättest entdeckt
er hat entdeckt	**er** hätte entdeckt
wir haben entdeckt	**wir** hätten entdeckt
ihr habt entdeckt	**ihr** hättet entdeckt
sie haben entdeckt	**sie** hätten entdeckt

IMPERATIVE: entdeck(**e**)! entdeck**en wir**! entdeckt! entdeck**en Sie**!

31 **erlöschen** [strong, inseparable, *sein*]

to go out

PRESENT PARTICIPLE	PAST PARTICIPLE
erlöschend	**erloschen**

PRESENT INDICATIVE		PRESENT SUBJUNCTIVE	
ich	erlösche	**ich**	erlösche
du	**erlischst**	**du**	erlöschest
er	**erlischt**	**er**	erlösche
wir	erlöschen	**wir**	erlöschen
ihr	erlöscht	**ihr**	erlöschet
sie	erlöschen	**sie**	erlöschen

IMPERFECT INDICATIVE		IMPERFECT SUBJUNCTIVE	
ich	**erlosch**	**ich**	erlösche
du	**erlosch(e)st**	**du**	erlöschest
er	**erlosch**	**er**	erlösche
wir	**erloschen**	**wir**	erlöschen
ihr	**erloscht**	**ihr**	erlöschet
sie	**erloschen**	**sie**	erlöschen

FUTURE INDICATIVE		CONDITIONAL	
ich	werde erlöschen	**ich**	würde erlöschen
du	wirst erlöschen	**du**	würdest erlöschen
er	wird erlöschen	**er**	würde erlöschen
wir	werden erlöschen	**wir**	würden erlöschen
ihr	werdet erlöschen	**ihr**	würdet erlöschen
sie	werden erlöschen	**sie**	würden erlöschen

PERFECT INDICATIVE		PLUPERFECT SUBJUNCTIVE	
ich	bin **erloschen**	**ich**	wäre **erloschen**
du	bist **erloschen**	**du**	wär(e)st **erloschen**
er	ist **erloschen**	**er**	wäre **erloschen**
wir	sind **erloschen**	**wir**	wären **erloschen**
ihr	seid **erloschen**	**ihr**	wär(e)t **erloschen**
sie	sind **erloschen**	**sie**	wären **erloschen**

IMPERATIVE: **erlisch!** erlöschen wir! erlöscht! erlöschen Sie!

to be startled

PRESENT PARTICIPLE	PAST PARTICIPLE
erschreckend	erschrocken

PRESENT INDICATIVE	PRESENT SUBJUNCTIVE
ich erschrecke	ich erschrecke
du erschrickst	du erschreckest
er erschrickt	er erschrecke
wir erschrecken	wir erschrecken
ihr erschreckt	ihr erschrecket
sie erschrecken	sie erschrecken

IMPERFECT INDICATIVE	IMPERFECT SUBJUNCTIVE
ich erschrak	ich erschräke
du erschrakst	du erschräkest
er erschrak	er erschräke
wir erschraken	wir erschräken
ihr erschrakt	ihr erschräket
sie erschraken	sie erschräken

FUTURE INDICATIVE	CONDITIONAL
ich werde erschrecken	ich würde erschrecken
du wirst erschrecken	du würdest erschrecken
er wird erschrecken	er würde erschrecken
wir werden erschrecken	wir würden erschrecken
ihr werdet erschrecken	ihr würdet erschrecken
sie werden erschrecken	sie würden erschrecken

PERFECT INDICATIVE	PLUPERFECT SUBJUNCTIVE
ich bin erschrocken	ich wäre erschrocken
du bist erschrocken	du wär(e)st erschrocken
er ist erschrocken	er wäre erschrocken
wir sind erschrocken	wir wären erschrocken
ihr seid erschrocken	ihr wär(e)t erschrocken
sie sind erschrocken	sie wären erschrocken

IMPERATIVE: **erschrick!** erschrecken wir! erschreckt! erschrecken Sie! **Weak when means "to frighten"*.

33 **erzählen** [weak, inseparable, *haben*]
to tell

PRESENT PARTICIPLE	PAST PARTICIPLE
erzählend	erzählt

PRESENT INDICATIVE	PRESENT SUBJUNCTIVE
ich erzähle	ich erzähle
du erzählst	du erzählest
er erzählt	er erzähle
wir erzählen	wir erzählen
ihr erzählt	ihr erzählet
sie erzählen	sie erzählen

IMPERFECT INDICATIVE	IMPERFECT SUBJUNCTIVE
ich erzählte	ich erzählte
du erzähltest	du erzähltest
er erzählte	er erzählte
wir erzählten	wir erzählten
ihr erzähltet	ihr erzähltet
sie erzählten	sie erzählten

FUTURE INDICATIVE	CONDITIONAL
ich werde erzählen	ich würde erzählen
du wirst erzählen	du würdest erzählen
er wird erzählen	er würde erzählen
wir werden erzählen	wir würden erzählen
ihr werdet erzählen	ihr würdet erzählen
sie werden erzählen	sie würden erzählen

PERFECT INDICATIVE	PLUPERFECT SUBJUNCTIVE
ich habe erzählt	ich hätte erzählt
du hast erzählt	du hättest erzählt
er hat erzählt	er hätte erzählt
wir haben erzählt	wir hätten erzählt
ihr habt erzählt	ihr hättet erzählt
sie haben erzählt	sie hätten erzählt

IMPERATIVE: erzähl(e)! erzählen wir! erzählt! erzählen Sie!

to eat

PRESENT PARTICIPLE	PAST PARTICIPLE
esse**n**	**gegessen**

PRESENT INDICATIVE	PRESENT SUBJUNCTIVE
ich esse	ich esse
du ißt	du essest
er ißt	er esse
wir essen	wir essen
ihr eßt	ihr esset
sie essen	sie essen

IMPERFECT INDICATIVE	IMPERFECT SUBJUNCTIVE
ich aß	ich äße
du aßest	du äßest
er aß	er äße
wir aßen	wir äßen
ihr aßt	ihr äßet
sie aßen	sie äßen

FUTURE INDICATIVE	CONDITIONAL
ich werde essen	ich würde essen
du wirst essen	du würdest essen
er wird essen	er würde essen
wir werden essen	wir würden essen
ihr werdet essen	ihr würdet essen
sie werden essen	sie würden essen

PERFECT INDICATIVE	PLUPERFECT SUBJUNCTIVE
ich habe **gegessen**	ich hätte **gegessen**
du hast **gegessen**	du hättest **gegessen**
er hat **gegessen**	er hätte **gegessen**
wir haben **gegessen**	wir hätten **gegessen**
ihr habt **gegessen**	ihr hättet **gegessen**
sie haben **gegessen**	sie hätten **gegessen**

IMPERATIVE: **iß**! essen **wir**! eßt! essen **Sie**!

35 **fahren** [strong, *haben/sein*]

to drive/to go (*transitive/intransitive*)

PRESENT PARTICIPLE	PAST PARTICIPLE
fahre**nd**	**gefahren**

PRESENT INDICATIVE		PRESENT SUBJUNCTIVE	
ich	fahre	ich	fahre
du	fährst	du	fahrest
er	fährt	er	fahre
wir	fahren	wir	fahren
ihr	fahrt	ihr	fahret
sie	fahren	sie	fahren

IMPERFECT INDICATIVE		IMPERFECT SUBJUNCTIVE	
ich	fuhr	ich	führe
du	fuhrst	du	führest
er	fuhr	er	führe
wir	fuhren	wir	führen
ihr	fuhrt	ihr	führet
sie	fuhren	sie	führen

FUTURE INDICATIVE		CONDITIONAL	
ich	werde fahren	ich	würde fahren
du	wirst fahren	du	würdest fahren
er	wird fahren	er	würde fahren
wir	werden fahren	wir	würden fahren
ihr	werdet fahren	ihr	würdet fahren
sie	werden fahren	sie	würden fahren

PERFECT INDICATIVE		PLUPERFECT SUBJUNCTIVE	
ich	bin **gefahren**[*]	ich	wäre **gefahren**[*]
du	bist **gefahren**	du	wär(e)st **gefahren**
er	ist **gefahren**	er	wäre **gefahren**
wir	sind **gefahren**	wir	wären **gefahren**
ihr	seid **gefahren**	ihr	wär(e)t **gefahren**
sie	sind **gefahren**	sie	wären **gefahren**

IMPERATIVE: fahr(**e**)! fahr**en wir**! fahr**t**! fahr**en Sie**!
[*]*OR:* **ich** habe/hätte **gefahren** *etc* (*when transitive*).

to fall

PRESENT PARTICIPLE	PAST PARTICIPLE
falle**nd**	**gefallen**

PRESENT INDICATIVE	PRESENT SUBJUNCTIVE
ich falle	ich falle
du fäll**st**	du falle**st**
er fäll**t**	er falle
wir fallen	wir fallen
ihr fall**t**	ihr falle**t**
sie fallen	sie fallen

IMPERFECT INDICATIVE	IMPERFECT SUBJUNCTIVE
ich fiel	ich fiele
du fiel**st**	du fiele**st**
er fiel	er fiele
wir fielen	wir fielen
ihr fiel**t**	ihr fiele**t**
sie fielen	sie fielen

FUTURE INDICATIVE	CONDITIONAL
ich werde fallen	ich würde fallen
du wirst fallen	du würdest fallen
er wird fallen	er würde fallen
wir werden fallen	wir würden fallen
ihr werdet fallen	ihr würdet fallen
sie werden fallen	sie würden fallen

PERFECT INDICATIVE	PLUPERFECT SUBJUNCTIVE
ich bin **gefallen**	ich wäre **gefallen**
du bist **gefallen**	du wär(e)st **gefallen**
er ist **gefallen**	er wäre **gefallen**
wir sind **gefallen**	wir wären **gefallen**
ihr seid **gefallen**	ihr wär(e)t **gefallen**
sie sind **gefallen**	sie wären **gefallen**

IMPERATIVE: fall(**e**)! falle**n wir**! fall**t**! fallen **Sie**!

37 fangen [strong, *haben*]
to catch

PRESENT PARTICIPLE	PAST PARTICIPLE
fangend	**gefangen**

PRESENT INDICATIVE	PRESENT SUBJUNCTIVE
ich fange	ich fange
du **fängst**	du fangest
er **fängt**	er fange
wir fangen	wir fangen
ihr fangt	ihr fanget
sie fangen	sie fangen

IMPERFECT INDICATIVE	IMPERFECT SUBJUNCTIVE
ich **fing**	ich **finge**
du **fingst**	du **fingest**
er **fing**	er **finge**
wir **fingen**	wir **fingen**
ihr **fingt**	ihr **finget**
sie **fingen**	sie **fingen**

FUTURE INDICATIVE	CONDITIONAL
ich werde fangen	ich würde fangen
du wirst fangen	du würdest fangen
er wird fangen	er würde fangen
wir werden fangen	wir würden fangen
ihr werdet fangen	ihr würdet fangen
sie werden fangen	sie würden fangen

PERFECT INDICATIVE	PLUPERFECT SUBJUNCTIVE
ich habe **gefangen**	ich hätte **gefangen**
du hast **gefangen**	du hättest **gefangen**
er hat **gefangen**	er hätte **gefangen**
wir haben **gefangen**	wir hätten **gefangen**
ihr habt **gefangen**	ihr hättet **gefangen**
sie haben **gefangen**	sie hätten **gefangen**

IMPERATIVE: fang(e)! fang**en wir**! fang**t**! fang**en Sie**!

to fence

PRESENT PARTICIPLE	PAST PARTICIPLE
fechtend	**gefochten**

PRESENT INDICATIVE		PRESENT SUBJUNCTIVE	
ich	fechte	ich	fechte
du	fichtst	du	fechtest
er	ficht	er	fechte
wir	fechten	wir	fechten
ihr	fechtet	ihr	fechtet
sie	fechten	sie	fechten

IMPERFECT INDICATIVE		IMPERFECT SUBJUNCTIVE	
ich	focht	ich	föchte
du	fochtest	du	föchtest
er	focht	er	föchte
wir	fochten	wir	föchten
ihr	fochtet	ihr	föchtet
sie	fochten	sie	föchten

FUTURE INDICATIVE		CONDITIONAL	
ich	werde fechten	ich	würde fechten
du	wirst fechten	du	würdest fechten
er	wird fechten	er	würde fechten
wir	werden fechten	wir	würden fechten
ihr	werdet fechten	ihr	würdet fechten
sie	werden fechten	sie	würden fechten

PERFECT INDICATIVE		PLUPERFECT SUBJUNCTIVE	
ich	habe **gefochten**	ich	hätte **gefochten**
du	hast **gefochten**	du	hättest **gefochten**
er	hat **gefochten**	er	hätte **gefochten**
wir	haben **gefochten**	wir	hätten **gefochten**
ihr	habt **gefochten**	ihr	hättet **gefochten**
sie	haben **gefochten**	sie	hätten **gefochten**

IMPERATIVE: **ficht**! fecht**en wir**! fecht**et**! fecht**en Sie**!

39 **finden** [strong, *haben*]
to find

PRESENT PARTICIPLE	PAST PARTICIPLE
finde**nd**	**gefunden**

PRESENT INDICATIVE	PRESENT SUBJUNCTIVE
ich finde	ich finde
du finde**st**	du finde**st**
er finde**t**	er finde
wir finde**n**	wir finde**n**
ihr finde**t**	ihr finde**t**
sie finde**n**	sie finde**n**

IMPERFECT INDICATIVE	IMPERFECT SUBJUNCTIVE
ich fand	ich fände
du fand(e)st	du fändest
er fand	er fände
wir fanden	wir fänden
ihr fandet	ihr fändet
sie fanden	sie fänden

FUTURE INDICATIVE	CONDITIONAL
ich werde finden	ich würde finden
du wirst finden	du würdest finden
er wird finden	er würde finden
wir werden finden	wir würden finden
ihr werdet finden	ihr würdet finden
sie werden finden	sie würden finden

PERFECT INDICATIVE	PLUPERFECT SUBJUNCTIVE
ich habe **gefunden**	ich hätte **gefunden**
du hast **gefunden**	du hättest **gefunden**
er hat **gefunden**	er hätte **gefunden**
wir haben **gefunden**	wir hätten **gefunden**
ihr habt **gefunden**	ihr hättet **gefunden**
sie haben **gefunden**	sie hätten **gefunden**

IMPERATIVE: find(**e**)! find**en wir**! find**et**! find**en Sie**!

to twine

PRESENT PARTICIPLE	PAST PARTICIPLE
flecht**end**	**geflochten**

PRESENT INDICATIVE		PRESENT SUBJUNCTIVE	
ich	flechte	**ich**	flechte
du	flichtst	**du**	flechtest
er	flicht	**er**	flechte
wir	flechten	**wir**	flechten
ihr	flechtet	**ihr**	flechtet
sie	flechten	**sie**	flechten

IMPERFECT INDICATIVE		IMPERFECT SUBJUNCTIVE	
ich	flocht	**ich**	flöchte
du	flochtest	**du**	flöchtest
er	flocht	**er**	flöchte
wir	flochten	**wir**	flöchten
ihr	flochtet	**ihr**	flöchtet
sie	flochten	**sie**	flöchten

FUTURE INDICATIVE		CONDITIONAL	
ich	werde flechten	**ich**	würde flechten
du	wirst flechten	**du**	würdest flechten
er	wird flechten	**er**	würde flechten
wir	werden flechten	**wir**	würden flechten
ihr	werdet flechten	**ihr**	würdet flechten
sie	werden flechten	**sie**	würden flechten

PERFECT INDICATIVE		PLUPERFECT SUBJUNCTIVE	
ich	habe **geflochten**	**ich**	hätte **geflochten**
du	hast **geflochten**	**du**	hättest **geflochten**
er	hat **geflochten**	**er**	hätte **geflochten**
wir	haben **geflochten**	**wir**	hätten **geflochten**
ihr	habt **geflochten**	**ihr**	hättet **geflochten**
sie	haben **geflochten**	**sie**	hätten **geflochten**

IMPERATIVE: **flicht**! flecht**en wir**! flecht**et**! flechten **Sie**!

41 **fliegen** [strong, *haben/sein*]

to fly (*transitive/intransitive*)

PRESENT PARTICIPLE	PAST PARTICIPLE
fliegen**d**	ge**flogen**

PRESENT INDICATIVE		PRESENT SUBJUNCTIVE	
ich	fliege	ich	fliege
du	fliegst	du	fliegest
er	fliegt	er	fliege
wir	fliegen	wir	fliegen
ihr	fliegt	ihr	flieget
sie	fliegen	sie	fliegen

IMPERFECT INDICATIVE		IMPERFECT SUBJUNCTIVE	
ich	flog	ich	flöge
du	flogst	du	flögest
er	flog	er	flöge
wir	flogen	wir	flögen
ihr	flogt	ihr	flöget
sie	flogen	sie	flögen

FUTURE INDICATIVE		CONDITIONAL	
ich	werde fliegen	ich	würde fliegen
du	wirst fliegen	du	würdest fliegen
er	wird fliegen	er	würde fliegen
wir	werden fliegen	wir	würden fliegen
ihr	werdet fliegen	ihr	würdet fliegen
sie	werden fliegen	sie	würden fliegen

PERFECT INDICATIVE		PLUPERFECT SUBJUNCTIVE	
ich	habe ge**flogen**[*]	ich	hätte ge**flogen**[*]
du	hast ge**flogen**	du	hättest ge**flogen**
er	hat ge**flogen**	er	hätte ge**flogen**
wir	haben ge**flogen**	wir	hätten ge**flogen**
ihr	habt ge**flogen**	ihr	hättet ge**flogen**
sie	haben ge**flogen**	sie	hätten ge**flogen**

IMPERATIVE: flieg(**e**)! fliegen **wir**! fliegt! flieg**en Sie**!
[*]*OR*: **ich** bin/wäre ge**flogen** etc (*when intransitive*).

to flee (*transitive/intransitive*)

PRESENT PARTICIPLE	PAST PARTICIPLE
fliehen**d**	**geflohen**

PRESENT INDICATIVE	PRESENT SUBJUNCTIVE
ich fliehe	**ich** fliehe
du fliehst	**du** fliehest
er flieht	**er** fliehe
wir fliehen	**wir** fliehen
ihr flieht	**ihr** fliehet
sie fliehen	**sie** fliehen

IMPERFECT INDICATIVE	IMPERFECT SUBJUNCTIVE
ich floh	**ich** flöhe
du flohst	**du** flöhest
er floh	**er** flöhe
wir flohen	**wir** flöhen
ihr floht	**ihr** flöhet
sie flohen	**sie** flöhen

FUTURE INDICATIVE	CONDITIONAL
ich werde fliehen	**ich** würde fliehen
du wirst fliehen	**du** würdest fliehen
er wird fliehen	**er** würde fliehen
wir werden fliehen	**wir** würden fliehen
ihr werdet fliehen	**ihr** würdet fliehen
sie werden fliehen	**sie** würden fliehen

PERFECT INDICATIVE	PLUPERFECT SUBJUNCTIVE
ich bin **geflohen**[*]	**ich** wäre **geflohen**[*]
du bist **geflohen**	**du** wär(e)st **geflohen**
er ist **geflohen**	**er** wäre **geflohen**
wir sind **geflohen**	**wir** wären **geflohen**
ihr seid **geflohen**	**ihr** wär(e)t **geflohen**
sie sind **geflohen**	**sie** wären **geflohen**

IMPERATIVE: flieh(**e**)! flie**hen wir**! flie**ht**! flie**hen Sie**!
[*]*OR:* **ich** habe/hätte **geflohen** *etc* (*when transitive*).

43 **fließen** [strong, *sein*]

to flow

PRESENT PARTICIPLE	PAST PARTICIPLE
fließend	**geflossen**

PRESENT INDICATIVE	PRESENT SUBJUNCTIVE
ich fließe	ich fließe
du fließt	du fließest
er fließt	er fließe
wir fließen	wir fließen
ihr fließt	ihr fließet
sie fließen	sie fließen

IMPERFECT INDICATIVE	IMPERFECT SUBJUNCTIVE
ich floß	ich flösse
du flossest	du flössest
er floß	er flösse
wir flossen	wir flössen
ihr floßt	ihr flösset
sie flossen	sie flössen

FUTURE INDICATIVE	CONDITIONAL
ich werde fließen	ich würde fließen
du wirst fließen	du würdest fließen
er wird fließen	er würde fließen
wir werden fließen	wir würden fließen
ihr werdet fließen	ihr würdet fließen
sie werden fließen	sie würden fließen

PERFECT INDICATIVE	PLUPERFECT SUBJUNCTIVE
ich bin **geflossen**	ich wäre **geflossen**
du bist **geflossen**	du wär(e)st **geflossen**
er ist **geflossen**	er wäre **geflossen**
wir sind **geflossen**	wir wären **geflossen**
ihr seid **geflossen**	ihr wär(e)t **geflossen**
sie sind **geflossen**	sie wären **geflossen**

IMPERATIVE: fließ(e)! fließen **wir**! fließt! fließen **Sie**!

to eat

PRESENT PARTICIPLE	PAST PARTICIPLE
fressen**d**	**gefressen**

PRESENT INDICATIVE	PRESENT SUBJUNCTIVE
ich fresse	**ich** fresse
du frißt	**du** fress**est**
er frißt	**er** fresse
wir fressen	**wir** fressen
ihr freßt	**ihr** fress**et**
sie fressen	**sie** fressen

IMPERFECT INDICATIVE	IMPERFECT SUBJUNCTIVE
ich fraß	**ich** fräße
du fraßest	**du** fräßest
er fraß	**er** fräße
wir fraßen	**wir** fräßen
ihr fraßt	**ihr** fräßet
sie fraßen	**sie** fräßen

FUTURE INDICATIVE	CONDITIONAL
ich werde fressen	**ich** würde fressen
du wirst fressen	**du** würdest fressen
er wird fressen	**er** würde fressen
wir werden fressen	**wir** würden fressen
ihr werdet fressen	**ihr** würdet fressen
sie werden fressen	**sie** würden fressen

PERFECT INDICATIVE	PLUPERFECT SUBJUNCTIVE
ich habe **gefressen**	**ich** hätte **gefressen**
du hast **gefressen**	**du** hättest **gefressen**
er hat **gefressen**	**er** hätte **gefressen**
wir haben **gefressen**	**wir** hätten **gefressen**
ihr habt **gefressen**	**ihr** hättet **gefressen**
sie haben **gefressen**	**sie** hätten **gefressen**

IMPERATIVE: **friß!** fressen wir! freßt! fressen Sie!

45 **sich freuen** [weak, *haben*]

to be pleased

PRESENT PARTICIPLE	PAST PARTICIPLE
freuend	gefreut

PRESENT INDICATIVE	PRESENT SUBJUNCTIVE
ich freue **mich**	ich freue **mich**
du freust **dich**	du freuest **dich**
er freut **sich**	er freue **sich**
wir freuen **uns**	wir freuen **uns**
ihr freut **euch**	ihr freuet **euch**
sie freuen **sich**	sie freuen **sich**

IMPERFECT INDICATIVE	IMPERFECT SUBJUNCTIVE
ich freute **mich**	ich freute **mich**
du freutest **dich**	du freutest **dich**
er freute **sich**	er freute **sich**
wir freuten **uns**	wir freuten **uns**
ihr freutet **euch**	ihr freutet **euch**
sie freuten **sich**	sie freuten **sich**

FUTURE INDICATIVE	CONDITIONAL
ich werde **mich** freuen	ich würde **mich** freuen
du wirst **dich** freuen	du würdest **dich** freuen
er wird **sich** freuen	er würde **sich** freuen
wir werden **uns** freuen	wir würden **uns** freuen
ihr werdet **euch** freuen	ihr würdet **euch** freuen
sie werden **sich** freuen	sie würden **sich** freuen

PERFECT INDICATIVE	PLUPERFECT SUBJUNCTIVE
ich habe **mich** gefreut	ich hätte **mich** gefreut
du hast **dich** gefreut	du hättest **dich** gefreut
er hat **sich** gefreut	er hätte **sich** gefreut
wir haben **uns** gefreut	wir hätten **uns** gefreut
ihr habt **euch** gefreut	ihr hättet **euch** gefreut
sie haben **sich** gefreut	sie hätten **sich** gefreut

IMPERATIVE: freu**e dich**! freuen **wir uns**! freut **euch**! freuen **Sie sich**!

to freeze (*transitive/intransitive*)

PRESENT PARTICIPLE	PAST PARTICIPLE
frierend	**gefroren**

PRESENT INDICATIVE	PRESENT SUBJUNCTIVE
ich friere	ich friere
du frierst	du frierest
er friert	er friere
wir frieren	wir frieren
ihr friert	ihr frieret
sie frieren	sie frieren

IMPERFECT INDICATIVE	IMPERFECT SUBJUNCTIVE
ich **fror**	ich **fröre**
du **frorst**	du **frörest**
er **fror**	er **fröre**
wir **froren**	wir **frören**
ihr **frort**	ihr **fröret**
sie **froren**	sie **frören**

FUTURE INDICATIVE	CONDITIONAL
ich werde frieren	ich würde frieren
du wirst frieren	du würdest frieren
er wird frieren	er würde frieren
wir werden frieren	wir würden frieren
ihr werdet frieren	ihr würdet frieren
sie werden frieren	sie würden frieren

PERFECT INDICATIVE	PLUPERFECT SUBJUNCTIVE
ich habe **gefroren**[*]	ich hätte **gefroren**[*]
du hast **gefroren**	du hättest **gefroren**
er hat **gefroren**	er hätte **gefroren**
wir haben **gefroren**	wir hätten **gefroren**
ihr habt **gefroren**	ihr hättet **gefroren**
sie haben **gefroren**	sie hätten **gefroren**

IMPERATIVE: frier(e)! frieren wir! friert! frieren **Sie!**

[*] *OR:* **ich** bin/wäre **gefroren** *etc when the meaning is "to freeze over".*

47 **gären** [strong, *haben/sein*]

to ferment (*transitive/intransitive*)

PRESENT PARTICIPLE	PAST PARTICIPLE
gären**d**	**gegoren**

PRESENT INDICATIVE	PRESENT SUBJUNCTIVE
ich gäre	ich gäre
du gärst	du gärest
er gärt	er gäre
wir gären	wir gären
ihr gärt	ihr gäret
sie gären	sie gären

IMPERFECT INDICATIVE	IMPERFECT SUBJUNCTIVE
ich **gor**	ich **göre**
du **gorst**	du **görest**
er **gor**	er **göre**
wir **goren**	wir **gören**
ihr **gort**	ihr **göret**
sie **goren**	sie **gören**

FUTURE INDICATIVE	CONDITIONAL
ich werde gären	ich würde gären
du wirst gären	du würdest gären
er wird gären	er würde gären
wir werden gären	wir würden gären
ihr werdet gären	ihr würdet gären
sie werden gären	sie würden gären

PERFECT INDICATIVE	PLUPERFECT SUBJUNCTIVE
ich habe **gegoren**[*]	ich hätte **gegoren**[*]
du hast **gegoren**	du hättest **gegoren**
er hat **gegoren**	er hätte **gegoren**
wir haben **gegoren**	wir hätten **gegoren**
ihr habt **gegoren**	ihr hättet **gegoren**
sie haben **gegoren**	sie hätten **gegoren**

IMPERATIVE: gär(**e**)! gär**en wir**! gärt! gären **Sie**!
[*]*OR:* **ich** bin/wäre **gegoren** *etc* (*when intransitive*).

70

to give birth

PRESENT PARTICIPLE	PAST PARTICIPLE
gebärend	geboren

PRESENT INDICATIVE	PRESENT SUBJUNCTIVE
ich gebäre	ich gebäre
du gebierst	du gebärest
er gebiert	er gebäre
wir gebären	wir gebären
ihr gebärt	ihr gebäret
sie gebären	sie gebären

IMPERFECT INDICATIVE	IMPERFECT SUBJUNCTIVE
ich gebar	ich gebäre
du gebarst	du gebärest
er gebar	er gebäre
wir gebaren	wir gebären
ihr gebart	ihr gebäret
sie gebaren	sie gebären

FUTURE INDICATIVE	CONDITIONAL
ich werde gebären	ich würde gebären
du wirst gebären	du würdest gebären
er wird gebären	er würde gebären
wir werden gebären	wir würden gebären
ihr werdet gebären	ihr würdet gebären
sie werden gebären	sie würden gebären

PERFECT INDICATIVE	PLUPERFECT SUBJUNCTIVE
ich habe geboren	ich hätte geboren
du hast geboren	du hättest geboren
er hat geboren	er hätte geboren
wir haben geboren	wir hätten geboren
ihr habt geboren	ihr hättet geboren
sie haben geboren	sie hätten geboren

IMPERATIVE: **gebier!** gebären **wir!** gebärt! gebären **Sie!**

49 **geben** [strong, *haben*]

to give

PRESENT PARTICIPLE	PAST PARTICIPLE
gebend	**gegeben**

PRESENT INDICATIVE	PRESENT SUBJUNCTIVE
ich gebe	ich gebe
du gibst	du gebest
er gibt	er gebe
wir geben	wir geben
ihr gebt	ihr gebet
sie geben	sie geben

IMPERFECT INDICATIVE	IMPERFECT SUBJUNCTIVE
ich gab	ich gäbe
du gabst	du gäbest
er gab	er gäbe
wir gaben	wir gäben
ihr gabt	ihr gäbet
sie gaben	sie gäben

FUTURE INDICATIVE	CONDITIONAL
ich werde geben	ich würde geben
du wirst geben	du würdest geben
er wird geben	er würde geben
wir werden geben	wir würden geben
ihr werdet geben	ihr würdet geben
sie werden geben	sie würden geben

PERFECT INDICATIVE	PLUPERFECT SUBJUNCTIVE
ich habe **gegeben**	ich hätte **gegeben**
du hast **gegeben**	du hättest **gegeben**
er hat **gegeben**	er hätte **gegeben**
wir haben **gegeben**	wir hätten **gegeben**
ihr habt **gegeben**	ihr hättet **gegeben**
sie haben **gegeben**	sie hätten **gegeben**

IMPERATIVE: **gib**! geben **wir**! gebt! geben **Sie**!

[strong, inseparable, *sein*] **gedeihen** 50

to thrive

PRESENT PARTICIPLE	PAST PARTICIPLE
gedeihend	**gediehen**

PRESENT INDICATIVE		PRESENT SUBJUNCTIVE	
ich	gedeihe	ich	gedeihe
du	gedeihst	du	gedeihest
er	gedeiht	er	gedeihe
wir	gedeihen	wir	gedeihen
ihr	gedeiht	ihr	gedeihet
sie	gedeihen	sie	gedeihen

IMPERFECT INDICATIVE		IMPERFECT SUBJUNCTIVE	
ich	**gedieh**	ich	**gediehe**
du	**gediehst**	du	**gediehest**
er	**gedieh**	er	**gediehe**
wir	**gediehen**	wir	**gediehen**
ihr	**gedieht**	ihr	**gediehet**
sie	**gediehen**	sie	**gediehen**

FUTURE INDICATIVE		CONDITIONAL	
ich	werde gedeihen	ich	würde gedeihen
du	wirst gedeihen	du	würdest gedeihen
er	wird gedeihen	er	würde gedeihen
wir	werden gedeihen	wir	würden gedeihen
ihr	werdet gedeihen	ihr	würdet gedeihen
sie	werden gedeihen	sie	würden gedeihen

PERFECT INDICATIVE		PLUPERFECT SUBJUNCTIVE	
ich	bin **gediehen**	ich	wäre **gediehen**
du	bist **gediehen**	du	wär(e)st **gediehen**
er	ist **gediehen**	er	wäre **gediehen**
wir	sind **gediehen**	wir	wären **gediehen**
ihr	seid **gediehen**	ihr	wär(e)t **gediehen**
sie	sind **gediehen**	sie	wären **gediehen**

IMPERATIVE: gedeih(**e**)! gedeihen **wir**! gedeih**t**! gedeihen **Sie**!

51 **gehen** [strong, *sein*]

to go

PRESENT PARTICIPLE	PAST PARTICIPLE
gehen**d**	**gegangen**

PRESENT INDICATIVE	PRESENT SUBJUNCTIVE
ich gehe	ich gehe
du gehst	du gehest
er geht	er gehe
wir gehen	wir gehen
ihr geht	ihr gehet
sie gehen	sie gehen

IMPERFECT INDICATIVE	IMPERFECT SUBJUNCTIVE
ich ging	ich ginge
du gingst	du gingest
er ging	er ginge
wir gingen	wir gingen
ihr gingt	ihr ginget
sie gingen	sie gingen

FUTURE INDICATIVE	CONDITIONAL
ich werde gehen	ich würde gehen
du wirst gehen	du würdest gehen
er wird gehen	er würde gehen
wir werden gehen	wir würden gehen
ihr werdet gehen	ihr würdet gehen
sie werden gehen	sie würden gehen

PERFECT INDICATIVE	PLUPERFECT SUBJUNCTIVE
ich bin **gegangen**	ich wäre **gegangen**
du bist **gegangen**	du wär(e)st **gegangen**
er ist **gegangen**	er wäre **gegangen**
wir sind **gegangen**	wir wären **gegangen**
ihr seid **gegangen**	ihr wär(e)t **gegangen**
sie sind **gegangen**	sie wären **gegangen**

IMPERATIVE: geh(**e**)! geh**en wir**! geht! gehen **Sie**!

[weak, inseparable, *haben*] **gehorchen** 52

to obey

PRESENT PARTICIPLE	PAST PARTICIPLE
gehorchend	gehorcht

PRESENT INDICATIVE	PRESENT SUBJUNCTIVE
ich gehorche	ich gehorche
du gehorchst	du gehorchest
er gehorcht	er gehorche
wir gehorchen	wir gehorchen
ihr gehorcht	ihr gehorchet
sie gehorchen	sie gehorchen

IMPERFECT INDICATIVE	IMPERFECT SUBJUNCTIVE
ich gehorchte	ich gehorchte
du gehorchtest	du gehorchtest
er gehorchte	er gehorchte
wir gehorchten	wir gehorchten
ihr gehorchtet	ihr gehorchtet
sie gehorchten	sie gehorchten

FUTURE INDICATIVE	CONDITIONAL
ich werde gehorchen	ich würde gehorchen
du wirst gehorchen	du würdest gehorchen
er wird gehorchen	er würde gehorchen
wir werden gehorchen	wir würden gehorchen
ihr werdet gehorchen	ihr würdet gehorchen
sie werden gehorchen	sie würden gehorchen

PERFECT INDICATIVE	PLUPERFECT SUBJUNCTIVE
ich habe gehorcht	ich hätte gehorcht
du hast gehorcht	du hättest gehorcht
er hat gehorcht	er hätte gehorcht
wir haben gehorcht	wir hätten gehorcht
ihr habt gehorcht	ihr hättet gehorcht
sie haben gehorcht	sie hätten gehorcht

IMPERATIVE: gehorch(**e**)! gehorch**en wir**! gehorch**t**! gehorch**en Sie**!

75

53 **gelingen** [strong, impersonal, *sein*]
to succeed

PRESENT PARTICIPLE	PAST PARTICIPLE
gelingen**d**	**gelungen**

PRESENT INDICATIVE	PRESENT SUBJUNCTIVE
es gelingt	**es** gelinge

IMPERFECT INDICATIVE	IMPERFECT SUBJUNCTIVE
es **gelang**	**es** **gelänge**

FUTURE INDICATIVE	CONDITIONAL
es wird gelingen	**es** würde gelingen

PERFECT INDICATIVE	PLUPERFECT SUBJUNCTIVE
es ist **gelungen**	**es** wäre **gelungen**

This verb is used only in the third person singular.

to be valid; to be considered

PRESENT PARTICIPLE	PAST PARTICIPLE
gelten**d**	**gegolten**

PRESENT INDICATIVE		PRESENT SUBJUNCTIVE	
ich	gelte	ich	gelte
du	giltst	du	geltest
er	gilt	er	gelte
wir	gelten	wir	gelten
ihr	geltet	ihr	geltet
sie	gelten	sie	gelten

IMPERFECT INDICATIVE		IMPERFECT SUBJUNCTIVE	
ich	galt	ich	gälte
du	galt(e)st	du	gältest
er	galt	er	gälte
wir	galten	wir	gälten
ihr	galtet	ihr	gältet
sie	galten	sie	gälten

FUTURE INDICATIVE		CONDITIONAL	
ich	werde gelten	ich	würde gelten
du	wirst gelten	du	würdest gelten
er	wird gelten	er	würde gelten
wir	werden gelten	wir	würden gelten
ihr	werdet gelten	ihr	würdet gelten
sie	werden gelten	sie	würden gelten

PERFECT INDICATIVE		PLUPERFECT SUBJUNCTIVE	
ich	habe **gegolten**	ich	hätte **gegolten**
du	hast **gegolten**	du	hättest **gegolten**
er	hat **gegolten**	er	hätte **gegolten**
wir	haben **gegolten**	wir	hätten **gegolten**
ihr	habt **gegolten**	ihr	hättet **gegolten**
sie	haben **gegolten**	sie	hätten **gegolten**

IMPERATIVE: **gilt**! gelten **wir**! gel**tet**! gelten **Sie**!

55 **genesen** [strong, inseparable, *sein*]

to recover

PRESENT PARTICIPLE	PAST PARTICIPLE
genesend	**genesen**

PRESENT INDICATIVE		PRESENT SUBJUNCTIVE	
ich	genese	ich	genese
du	genest	du	genesest
er	genest	er	genese
wir	genesen	wir	genesen
ihr	genest	ihr	geneset
sie	genesen	sie	genesen

IMPERFECT INDICATIVE		IMPERFECT SUBJUNCTIVE	
ich	**genas**	ich	**genäse**
du	**genasest**	du	**genäsest**
er	**genas**	er	**genäse**
wir	**genasen**	wir	**genäsen**
ihr	**genast**	ihr	**genäset**
sie	**genasen**	sie	**genäsen**

FUTURE INDICATIVE		CONDITIONAL	
ich	werde genesen	ich	würde genesen
du	wirst genesen	du	würdest genesen
er	wird genesen	er	würde genesen
wir	werden genesen	wir	würden genesen
ihr	werdet genesen	ihr	würdet genesen
sie	werden genesen	sie	würden genesen

PERFECT INDICATIVE		PLUPERFECT SUBJUNCTIVE	
ich	bin **genesen**	ich	wäre **genesen**
du	bist **genesen**	du	wär(e)st **genesen**
er	ist **genesen**	er	wäre **genesen**
wir	sind **genesen**	wir	wären **genesen**
ihr	seid **genesen**	ihr	wär(e)t **genesen**
sie	sind **genesen**	sie	wären **genesen**

IMPERATIVE: genese! genesen wir! genest! genesen Sie!

to enjoy

PRESENT PARTICIPLE	PAST PARTICIPLE
genieße**nd**	**genossen**

PRESENT INDICATIVE		PRESENT SUBJUNCTIVE	
ich	genieße	ich	genieße
du	genießt	du	genießest
er	genießt	er	genieße
wir	genießen	wir	genießen
ihr	genießt	ihr	genießet
sie	genießen	sie	genießen

IMPERFECT INDICATIVE		IMPERFECT SUBJUNCTIVE	
ich	genoß	ich	genösse
du	genossest	du	genössest
er	genoß	er	genösse
wir	genossen	wir	genössen
ihr	genoßt	ihr	genösset
sie	genossen	sie	genössen

FUTURE INDICATIVE		CONDITIONAL	
ich	werde genießen	ich	würde genießen
du	wirst genießen	du	würdest genießen
er	wird genießen	er	würde genießen
wir	werden genießen	wir	würden genießen
ihr	werdet genießen	ihr	würdet genießen
sie	werden genießen	sie	würden genießen

PERFECT INDICATIVE		PLUPERFECT SUBJUNCTIVE	
ich	habe **genossen**	ich	hätte **genossen**
du	hast **genossen**	du	hättest **genossen**
er	hat **genossen**	er	hätte **genossen**
wir	haben **genossen**	wir	hätten **genossen**
ihr	habt **genossen**	ihr	hättet **genossen**
sie	haben **genossen**	sie	hätten **genossen**

IMPERATIVE: genieß(**e**)! genieß**en wir**! genießt! genieß**en Sie**!

57 **geraten** [strong, inseparable, *sein*]

to turn out (*well etc*); to get (*into an emotional state, danger etc*)

PRESENT PARTICIPLE	PAST PARTICIPLE
geratend	**geraten**

PRESENT INDICATIVE		PRESENT SUBJUNCTIVE	
ich	gerate	ich	gerate
du	gerätst	du	geratest
er	gerät	er	gerate
wir	geraten	wir	geraten
ihr	geratet	ihr	geratet
sie	geraten	sie	geraten

IMPERFECT INDICATIVE		IMPERFECT SUBJUNCTIVE	
ich	geriet	ich	**geriete**
du	geriet(e)st	du	**gerietest**
er	geriet	er	**geriete**
wir	gerieten	wir	**gerieten**
ihr	gerietet	ihr	**gerietet**
sie	gerieten	sie	**gerieten**

FUTURE INDICATIVE		CONDITIONAL	
ich	werde geraten	ich	würde geraten
du	wirst geraten	du	würdest geraten
er	wird geraten	er	würde geraten
wir	werden geraten	wir	würden geraten
ihr	werdet geraten	ihr	würdet geraten
sie	werden geraten	sie	würden geraten

PERFECT INDICATIVE		PLUPERFECT SUBJUNCTIVE	
ich	bin **geraten**	ich	wäre **geraten**
du	bist **geraten**	du	wär(e)st **geraten**
er	ist **geraten**	er	wäre **geraten**
wir	sind **geraten**	wir	wären **geraten**
ihr	seid **geraten**	ihr	wär(e)t **geraten**
sie	sind **geraten**	sie	wären **geraten**

IMPERATIVE: gerat(e)! geraten **wir**! geratet! geraten **Sie**!

to happen

PRESENT PARTICIPLE	PAST PARTICIPLE
geschehen**d**	**geschehen**

PRESENT INDICATIVE	PRESENT SUBJUNCTIVE
es geschieht	**es** geschehe

IMPERFECT INDICATIVE	IMPERFECT SUBJUNCTIVE
es geschah	**es geschähe**

FUTURE INDICATIVE	CONDITIONAL
es wird geschehen	**es** würde geschehen

PERFECT INDICATIVE	PLUPERFECT SUBJUNCTIVE
es ist **geschehen**	**es** wäre **geschehen**

This verb is used only in the third person singular.

59 **gewinnen** [strong, inseparable, *haben*]

to win

PRESENT PARTICIPLE	PAST PARTICIPLE
gewinnend	**gewonnen**

PRESENT INDICATIVE	PRESENT SUBJUNCTIVE
ich gewinne	ich gewinne
du gewinnst	du gewinnest
er gewinnt	er gewinne
wir gewinnen	wir gewinnen
ihr gewinnt	ihr gewinnet
sie gewinnen	sie gewinnen

IMPERFECT INDICATIVE	IMPERFECT SUBJUNCTIVE
ich **gewann**	ich **gewönne**
du **gewannst**	du **gewönnest**
er **gewann**	er **gewönne**
wir **gewannen**	wir **gewönnen**
ihr **gewannt**	ihr **gewönnet**
sie **gewannen**	sie **gewönnen**

FUTURE INDICATIVE	CONDITIONAL
ich werde gewinnen	ich würde gewinnen
du wirst gewinnen	du würdest gewinnen
er wird gewinnen	er würde gewinnen
wir werden gewinnen	wir würden gewinnen
ihr werdet gewinnen	ihr würdet gewinnen
sie werden gewinnen	sie würden gewinnen

PERFECT INDICATIVE	PLUPERFECT SUBJUNCTIVE
ich habe **gewonnen**	ich hätte **gewonnen**
du hast **gewonnen**	du hättest **gewonnen**
er hat **gewonnen**	er hätte **gewonnen**
wir haben **gewonnen**	wir hätten **gewonnen**
ihr habt **gewonnen**	ihr hättet **gewonnen**
sie haben **gewonnen**	sie hätten **gewonnen**

IMPERATIVE: gewinn(**e**)! gewinn**en wir**! gewinn**t**! gewinn**en Sie**!

to pour

PRESENT PARTICIPLE	PAST PARTICIPLE
gießend	**gegossen**

PRESENT INDICATIVE		PRESENT SUBJUNCTIVE	
ich	gieße	ich	gieße
du	gießt	du	gießest
er	gießt	er	gieße
wir	gießen	wir	gießen
ihr	gießt	ihr	gießet
sie	gießen	sie	gießen

IMPERFECT INDICATIVE		IMPERFECT SUBJUNCTIVE	
ich	goß	ich	gösse
du	gossest	du	gössest
er	goß	er	gösse
wir	gossen	wir	gössen
ihr	goßt	ihr	gösset
sie	gossen	sie	gössen

FUTURE INDICATIVE		CONDITIONAL	
ich	werde gießen	ich	würde gießen
du	wirst gießen	du	würdest gießen
er	wird gießen	er	würde gießen
wir	werden gießen	wir	würden gießen
ihr	werdet gießen	ihr	würdet gießen
sie	werden gießen	sie	würden gießen

PERFECT INDICATIVE		PLUPERFECT SUBJUNCTIVE	
ich	habe **gegossen**	ich	hätte **gegossen**
du	hast **gegossen**	du	hättest **gegossen**
er	hat **gegossen**	er	hätte **gegossen**
wir	haben **gegossen**	wir	hätten **gegossen**
ihr	habt **gegossen**	ihr	hättet **gegossen**
sie	haben **gegossen**	sie	hätten **gegossen**

IMPERATIVE: gieß(**e**)! gieß**en wir**! gieß**t**! gieß**en Sie**!

61 **gleichen** [strong, *haben*]

to resemble; to equal

PRESENT PARTICIPLE	PAST PARTICIPLE
gleichen**d**	**geglichen**

PRESENT INDICATIVE		PRESENT SUBJUNCTIVE	
ich	gleiche	ich	gleiche
du	gleichst	du	gleichest
er	gleicht	er	gleiche
wir	gleichen	wir	gleichen
ihr	gleicht	ihr	gleichet
sie	gleichen	sie	gleichen

IMPERFECT INDICATIVE		IMPERFECT SUBJUNCTIVE	
ich	glich	ich	gliche
du	glichst	du	glichest
er	glich	er	gliche
wir	glichen	wir	glichen
ihr	glicht	ihr	glichet
sie	glichen	sie	glichen

FUTURE INDICATIVE		CONDITIONAL	
ich	werde gleichen	ich	würde gleichen
du	wirst gleichen	du	würdest gleichen
er	wird gleichen	er	würde gleichen
wir	werden gleichen	wir	würden gleichen
ihr	werdet gleichen	ihr	würdet gleichen
sie	werden gleichen	sie	würden gleichen

PERFECT INDICATIVE		PLUPERFECT SUBJUNCTIVE	
ich	habe **geglichen**	ich	hätte **geglichen**
du	hast **geglichen**	du	hättest **geglichen**
er	hat **geglichen**	er	hätte **geglichen**
wir	haben **geglichen**	wir	hätten **geglichen**
ihr	habt **geglichen**	ihr	hättet **geglichen**
sie	haben **geglichen**	sie	hätten **geglichen**

IMPERATIVE: gleich(**e**)! gleichen **wir**! gleicht! gleich**en Sie**!

to glide, slide

PRESENT PARTICIPLE	*PAST PARTICIPLE*
gleiten**d**	**geglitten**

PRESENT INDICATIVE		*PRESENT SUBJUNCTIVE*	
ich	gleite	ich	gleite
du	gleit**est**	du	gleit**est**
er	gleit**et**	er	gleite
wir	gleiten	wir	gleiten
ihr	gleit**et**	ihr	gleit**et**
sie	gleiten	sie	gleiten

IMPERFECT INDICATIVE		*IMPERFECT SUBJUNCTIVE*	
ich	**glitt**	ich	**glitte**
du	**glitt(e)st**	du	**glittest**
er	**glitt**	er	**glitte**
wir	**glitten**	wir	**glitten**
ihr	**glittet**	ihr	**glittet**
sie	**glitten**	sie	**glitten**

FUTURE INDICATIVE		*CONDITIONAL*	
ich	werde gleiten	ich	würde gleiten
du	wirst gleiten	du	würdest gleiten
er	wird gleiten	er	würde gleiten
wir	werden gleiten	wir	würden gleiten
ihr	werdet gleiten	ihr	würdet gleiten
sie	werden gleiten	sie	würden gleiten

PERFECT INDICATIVE		*PLUPERFECT SUBJUNCTIVE*	
ich	bin **geglitten**	ich	wäre **geglitten**
du	bist **geglitten**	du	wär(e)st **geglitten**
er	ist **geglitten**	er	wäre **geglitten**
wir	sind **geglitten**	wir	wären **geglitten**
ihr	seid **geglitten**	ihr	wär(e)t **geglitten**
sie	sind **geglitten**	sie	wären **geglitten**

IMPERATIVE: gleit(**e**)! gleit**en wir**! gleit**et**! gleit**en Sie**!

63 **glimmen** [strong, *haben*]
to glimmer

PRESENT PARTICIPLE	PAST PARTICIPLE
glimmend	geglommen

PRESENT INDICATIVE	PRESENT SUBJUNCTIVE
ich glimme	ich glimme
du glimmst	du glimmest
er glimmt	er glimme
wir glimmen	wir glimmen
ihr glimmt	ihr glimmet
sie glimmen	sie glimmen

IMPERFECT INDICATIVE	IMPERFECT SUBJUNCTIVE
ich glomm	ich glömme
du glommst	du glömmest
er glomm	er glömme
wir glommen	wir glömmen
ihr glommt	ihr glömmet
sie glommen	sie glömmen

FUTURE INDICATIVE	CONDITIONAL
ich werde glimmen	ich würde glimmen
du wirst glimmen	du würdest glimmen
er wird glimmen	er würde glimmen
wir werden glimmen	wir würden glimmen
ihr werdet glimmen	ihr würdet glimmen
sie werden glimmen	sie würden glimmen

PERFECT INDICATIVE	PLUPERFECT SUBJUNCTIVE
ich habe geglommen	ich hätte geglommen
du hast geglommen	du hättest geglommen
er hat geglommen	er hätte geglommen
wir haben geglommen	wir hätten geglommen
ihr habt geglommen	ihr hättet geglommen
sie haben geglommen	sie hätten geglommen

IMPERATIVE: glimm(**e**)! glimm**en wir**! glimm**t**! glimm**en Sie**!

to dig

PRESENT PARTICIPLE	PAST PARTICIPLE
graben**d**	**gegraben**

PRESENT INDICATIVE	PRESENT SUBJUNCTIVE
ich grabe	ich grabe
du gräb**st**	du grab**est**
er gräb**t**	er grabe
wir graben	wir graben
ihr grab**t**	ihr grab**et**
sie graben	sie graben

IMPERFECT INDICATIVE	IMPERFECT SUBJUNCTIVE
ich grub	ich grübe
du grub**st**	du grüb**est**
er grub	er grübe
wir gruben	wir grüben
ihr grub**t**	ihr grüb**et**
sie gruben	sie grüben

FUTURE INDICATIVE	CONDITIONAL
ich werde graben	ich würde graben
du wirst graben	du würdest graben
er wird graben	er würde graben
wir werden graben	wir würden graben
ihr werdet graben	ihr würdet graben
sie werden graben	sie würden graben

PERFECT INDICATIVE	PLUPERFECT SUBJUNCTIVE
ich habe **gegraben**	ich hätte **gegraben**
du hast **gegraben**	du hättest **gegraben**
er hat **gegraben**	er hätte **gegraben**
wir haben **gegraben**	wir hätten **gegraben**
ihr habt **gegraben**	ihr hättet **gegraben**
sie haben **gegraben**	sie hätten **gegraben**

IMPERATIVE: grab(**e**)! grab**en wir**! grab**t**! grab**en Sie**!

65 **greifen** [strong, *haben*]

to take hold of, seize

PRESENT PARTICIPLE	PAST PARTICIPLE
greifend	**gegriffen**

PRESENT INDICATIVE		PRESENT SUBJUNCTIVE	
ich	greife	ich	greife
du	greifst	du	greifest
er	greift	er	greife
wir	greifen	wir	greifen
ihr	greift	ihr	greifet
sie	greifen	sie	greifen

IMPERFECT INDICATIVE		IMPERFECT SUBJUNCTIVE	
ich	**griff**	ich	**griffe**
du	**griffst**	du	**griffest**
er	**griff**	er	**griffe**
wir	**griffen**	wir	**griffen**
ihr	**grifft**	ihr	**griffet**
sie	**griffen**	sie	**griffen**

FUTURE INDICATIVE		CONDITIONAL	
ich	werde greifen	ich	würde greifen
du	wirst greifen	du	würdest greifen
er	wird greifen	er	würde greifen
wir	werden greifen	wir	würden greifen
ihr	werdet greifen	ihr	würdet greifen
sie	werden greifen	sie	würden greifen

PERFECT INDICATIVE		PLUPERFECT SUBJUNCTIVE	
ich	habe **gegriffen**	ich	hätte **gegriffen**
du	hast **gegriffen**	du	hättest **gegriffen**
er	hat **gegriffen**	er	hätte **gegriffen**
wir	haben **gegriffen**	wir	hätten **gegriffen**
ihr	habt **gegriffen**	ihr	hättet **gegriffen**
sie	haben **gegriffen**	sie	hätten **gegriffen**

IMPERATIVE: greif(**e**)! grei**fen wir**! greif**t**! grei**fen Sie**!

to greet

PRESENT PARTICIPLE	PAST PARTICIPLE
grüßend	gegrüßt

PRESENT INDICATIVE	PRESENT SUBJUNCTIVE
ich grüße	ich grüße
du grüßt	du grüßest
er grüßt	er grüße
wir grüßen	wir grüßen
ihr grüßt	ihr grüßet
sie grüßen	sie grüßen

IMPERFECT INDICATIVE	IMPERFECT SUBJUNCTIVE
ich grüßte	ich grüßte
du grüßtest	du grüßtest
er grüßte	er grüßte
wir grüßten	wir grüßten
ihr grüßtet	ihr grüßtet
sie grüßten	sie grüßten

FUTURE INDICATIVE	CONDITIONAL
ich werde grüßen	ich würde grüßen
du wirst grüßen	du würdest grüßen
er wird grüßen	er würde grüßen
wir werden grüßen	wir würden grüßen
ihr werdet grüßen	ihr würdet grüßen
sie werden grüßen	sie würden grüßen

PERFECT INDICATIVE	PLUPERFECT SUBJUNCTIVE
ich habe gegrüßt	ich hätte gegrüßt
du hast gegrüßt	du hättest gegrüßt
er hat gegrüßt	er hätte gegrüßt
wir haben gegrüßt	wir hätten gegrüßt
ihr habt gegrüßt	ihr hättet gegrüßt
sie haben gegrüßt	sie hätten gegrüßt

IMPERATIVE: grüß(**e**)! grüß**en wir**! grüßt! grüß**en Sie**!

67 **haben** [strong, *haben*]

to have

PRESENT PARTICIPLE	PAST PARTICIPLE
habend	gehabt

PRESENT INDICATIVE	PRESENT SUBJUNCTIVE
ich habe	ich habe
du hast	du habest
er hat	er habe
wir haben	wir haben
ihr habt	ihr habet
sie haben	sie haben

IMPERFECT INDICATIVE	IMPERFECT SUBJUNCTIVE
ich hatte	ich hätte
du hattest	du hättest
er hatte	er hätte
wir hatten	wir hätten
ihr hattet	ihr hättet
sie hatten	sie hätten

FUTURE INDICATIVE	CONDITIONAL
ich werde haben	ich würde haben
du wirst haben	du würdest haben
er wird haben	er würde haben
wir werden haben	wir würden haben
ihr werdet haben	ihr würdet haben
sie werden haben	sie würden haben

PERFECT INDICATIVE	PLUPERFECT SUBJUNCTIVE
ich habe gehabt	ich hätte gehabt
du hast gehabt	du hättest gehabt
er hat gehabt	er hätte gehabt
wir haben gehabt	wir hätten gehabt
ihr habt gehabt	ihr hättet gehabt
sie haben gehabt	sie hätten gehabt

IMPERATIVE: hab(e)! haben wir! habt! haben Sie!

to hold

PRESENT PARTICIPLE	PAST PARTICIPLE
halt**end**	**gehalten**

PRESENT INDICATIVE	PRESENT SUBJUNCTIVE
ich halte	ich halte
du hält**st**	du haltest
er hält	er halte
wir halten	wir halten
ihr haltet	ihr haltet
sie halten	sie halten

IMPERFECT INDICATIVE	IMPERFECT SUBJUNCTIVE
ich hielt	ich hielte
du hielt(e)st	du hieltest
er hielt	er hielte
wir hielten	wir hielten
ihr hieltet	ihr hieltet
sie hielten	sie hielten

FUTURE INDICATIVE	CONDITIONAL
ich werde halten	ich würde halten
du wirst halten	du würdest halten
er wird halten	er würde halten
wir werden halten	wir würden halten
ihr werdet halten	ihr würdet halten
sie werden halten	sie würden halten

PERFECT INDICATIVE	PLUPERFECT SUBJUNCTIVE
ich habe **gehalten**	ich hätte **gehalten**
du hast **gehalten**	du hättest **gehalten**
er hat **gehalten**	er hätte **gehalten**
wir haben **gehalten**	wir hätten **gehalten**
ihr habt **gehalten**	ihr hättet **gehalten**
sie haben **gehalten**	sie hätten **gehalten**

IMPERATIVE: halt(e)! halt**en wir**! halt**et**! halten **Sie**!

69 **handeln** [weak, *haben*]

to trade; to act

PRESENT PARTICIPLE	PAST PARTICIPLE
handelnd	gehandelt

PRESENT INDICATIVE		PRESENT SUBJUNCTIVE	
ich	handle	ich	handle
du	handelst	du	handlest
er	handelt	er	handle
wir	handeln	wir	handlen
ihr	handelt	ihr	handlet
sie	handeln	sie	handlen

IMPERFECT INDICATIVE		IMPERFECT SUBJUNCTIVE	
ich	handelte	ich	handelte
du	handeltest	du	handeltest
er	handelte	er	handelte
wir	handelten	wir	handelten
ihr	handeltet	ihr	handeltet
sie	handelten	sie	handelten

FUTURE INDICATIVE		CONDITIONAL	
ich	werde handeln	ich	würde handeln
du	wirst handeln	du	würdest handeln
er	wird handeln	er	würde handeln
wir	werden handeln	wir	würden handeln
ihr	werdet handeln	ihr	würdet handeln
sie	werden handeln	sie	würden handeln

PERFECT INDICATIVE		PLUPERFECT SUBJUNCTIVE	
ich	habe gehandelt	ich	hätte gehandelt
du	hast gehandelt	du	hättest gehandelt
er	hat gehandelt	er	hätte gehandelt
wir	haben gehandelt	wir	hätten gehandelt
ihr	habt gehandelt	ihr	hättet gehandelt
sie	haben gehandelt	sie	hätten gehandelt

IMPERATIVE: **handle**! handeln wir! handelt! handeln Sie!

to hang

PRESENT PARTICIPLE	PAST PARTICIPLE
hängen**d**	**gehangen**

PRESENT INDICATIVE		PRESENT SUBJUNCTIVE	
ich	hänge	ich	hänge
du	hängst	du	hängest
er	hängt	er	hänge
wir	hängen	wir	hängen
ihr	hängt	ihr	hänget
sie	hängen	sie	hängen

IMPERFECT INDICATIVE		IMPERFECT SUBJUNCTIVE	
ich	hing	ich	hinge
du	hingst	du	hingest
er	hing	er	hinge
wir	hingen	wir	hingen
ihr	hingt	ihr	hinget
sie	hingen	sie	hingen

FUTURE INDICATIVE		CONDITIONAL	
ich	werde hängen	ich	würde hängen
du	wirst hängen	du	würdest hängen
er	wird hängen	er	würde hängen
wir	werden hängen	wir	würden hängen
ihr	werdet hängen	ihr	würdet hängen
sie	werden hängen	sie	würden hängen

PERFECT INDICATIVE		PLUPERFECT SUBJUNCTIVE	
ich	habe **gehangen**	ich	hätte **gehangen**
du	hast **gehangen**	du	hättest **gehangen**
er	hat **gehangen**	er	hätte **gehangen**
wir	haben **gehangen**	wir	hätten **gehangen**
ihr	habt **gehangen**	ihr	hättet **gehangen**
sie	haben **gehangen**	sie	hätten **gehangen**

IMPERATIVE: häng(**e**)! häng**en wir**! hängt! häng**en Sie**!
**Conjugated as a weak verb when transitive.*

71 **hauen*** [strong, *haben*]

to hew

PRESENT PARTICIPLE	PAST PARTICIPLE
hauen**d**	**gehauen**

PRESENT INDICATIVE		PRESENT SUBJUNCTIVE	
ich	haue	ich	haue
du	haust	du	hauest
er	haut	er	haue
wir	hauen	wir	hauen
ihr	haut	ihr	hauet
sie	hauen	sie	hauen

IMPERFECT INDICATIVE		IMPERFECT SUBJUNCTIVE	
ich	hieb	ich	hiebe
du	hiebst	du	hiebest
er	hieb	er	hiebe
wir	hieben	wir	hieben
ihr	hiebt	ihr	hiebet
sie	hieben	sie	hieben

FUTURE INDICATIVE		CONDITIONAL	
ich	werde hauen	ich	würde hauen
du	wirst hauen	du	würdest hauen
er	wird hauen	er	würde hauen
wir	werden hauen	wir	würden hauen
ihr	werdet hauen	ihr	würdet hauen
sie	werden hauen	sie	würden hauen

PERFECT INDICATIVE		PLUPERFECT SUBJUNCTIVE	
ich	habe **gehauen**	ich	hätte **gehauen**
du	hast **gehauen**	du	hättest **gehauen**
er	hat **gehauen**	er	hätte **gehauen**
wir	haben **gehauen**	wir	hätten **gehauen**
ihr	habt **gehauen**	ihr	hättet **gehauen**
sie	haben **gehauen**	sie	hätten **gehauen**

IMPERATIVE: hau(**e**)! hau**en wir**! haut! hauen Sie!
*Can also be conjugated as a weak verb, see pp 5 ff.

to lift

PRESENT PARTICIPLE	PAST PARTICIPLE
heben**d**	**gehoben**

PRESENT INDICATIVE	PRESENT SUBJUNCTIVE
ich hebe	ich hebe
du hebst	du hebest
er hebt	er hebe
wir heben	wir heben
ihr hebt	ihr hebet
sie heben	sie heben

IMPERFECT INDICATIVE	IMPERFECT SUBJUNCTIVE
ich hob	ich höbe
du hobst	du höbest
er hob	er höbe
wir hoben	wir höben
ihr hobt	ihr höbet
sie hoben	sie höben

FUTURE INDICATIVE	CONDITIONAL
ich werde heben	ich würde heben
du wirst heben	du würdest heben
er wird heben	er würde heben
wir werden heben	wir würden heben
ihr werdet heben	ihr würdet heben
sie werden heben	sie würden heben

PERFECT INDICATIVE	PLUPERFECT SUBJUNCTIVE
ich habe **gehoben**	ich hätte **gehoben**
du hast **gehoben**	du hättest **gehoben**
er hat **gehoben**	er hätte **gehoben**
wir haben **gehoben**	wir hätten **gehoben**
ihr habt **gehoben**	ihr hättet **gehoben**
sie haben **gehoben**	sie hätten **gehoben**

IMPERATIVE: heb(e)! heb**en wir**! hebt! heb**en Sie**!

73 **heißen** [strong, *haben*]

to be called

PRESENT PARTICIPLE	PAST PARTICIPLE
heißen**d**	**geheißen**

PRESENT INDICATIVE	PRESENT SUBJUNCTIVE
ich heiße	ich heiße
du heißt	du heißest
er heißt	er heiße
wir heißen	wir heißen
ihr heißt	ihr heißet
sie heißen	sie heißen

IMPERFECT INDICATIVE	IMPERFECT SUBJUNCTIVE
ich hieß	ich hieße
du hießest	du hießest
er hieß	er hieße
wir hießen	wir hießen
ihr hießt	ihr hießet
sie hießen	sie hießen

FUTURE INDICATIVE	CONDITIONAL
ich werde heißen	ich würde heißen
du wirst heißen	du würdest heißen
er wird heißen	er würde heißen
wir werden heißen	wir würden heißen
ihr werdet heißen	ihr würdet heißen
sie werden heißen	sie würden heißen

PERFECT INDICATIVE	PLUPERFECT SUBJUNCTIVE
ich habe **geheißen**	ich hätte **geheißen**
du hast **geheißen**	du hättest **geheißen**
er hat **geheißen**	er hätte **geheißen**
wir haben **geheißen**	wir hätten **geheißen**
ihr habt **geheißen**	ihr hättet **geheißen**
sie haben **geheißen**	sie hätten **geheißen**

IMPERATIVE: heiß(**e**)! heiß**en wir**! heiß**t**! heiß**en Sie**!

to heat

PRESENT PARTICIPLE	PAST PARTICIPLE
heiz**end**	ge**heizt**

PRESENT INDICATIVE		PRESENT SUBJUNCTIVE	
ich	heize	ich	heize
du	heizt	du	heizest
er	heizt	er	heize
wir	heizen	wir	heizen
ihr	heizt	ihr	heizet
sie	heizen	sie	heizen

IMPERFECT INDICATIVE		IMPERFECT SUBJUNCTIVE	
ich	heiz**te**	ich	heiz**te**
du	heiz**test**	du	heiz**test**
er	heiz**te**	er	heiz**te**
wir	heiz**ten**	wir	heiz**ten**
ihr	heiz**tet**	ihr	heiz**tet**
sie	heiz**ten**	sie	heiz**ten**

FUTURE INDICATIVE		CONDITIONAL	
ich	werde heizen	ich	würde heizen
du	wirst heizen	du	würdest heizen
er	wird heizen	er	würde heizen
wir	werden heizen	wir	würden heizen
ihr	werdet heizen	ihr	würdet heizen
sie	werden heizen	sie	würden heizen

PERFECT INDICATIVE		PLUPERFECT SUBJUNCTIVE	
ich	habe ge**heizt**	ich	hätte ge**heizt**
du	hast ge**heizt**	du	hättest ge**heizt**
er	hat ge**heizt**	er	hätte ge**heizt**
wir	haben ge**heizt**	wir	hätten ge**heizt**
ihr	habt ge**heizt**	ihr	hättet ge**heizt**
sie	haben ge**heizt**	sie	hätten ge**heizt**

IMPERATIVE: heiz(**e**)! heiz**en wir**! heizt! heiz**en Sie**!

75 **helfen** [strong, + dative, *haben*]
to help

PRESENT PARTICIPLE	PAST PARTICIPLE
helfen**d**	**geholfen**

PRESENT INDICATIVE		PRESENT SUBJUNCTIVE	
ich	helfe	ich	helfe
du	hilfst	du	helfest
er	hilft	er	helfe
wir	helfen	wir	helfen
ihr	helft	ihr	helfet
sie	helfen	sie	helfen

IMPERFECT INDICATIVE		IMPERFECT SUBJUNCTIVE	
ich	half	ich	hülfe
du	halfst	du	hülfest
er	half	er	hülfe
wir	halfen	wir	hülfen
ihr	halft	ihr	hülfet
sie	halfen	sie	hülfen

FUTURE INDICATIVE		CONDITIONAL	
ich	werde helfen	ich	würde helfen
du	wirst helfen	du	würdest helfen
er	wird helfen	er	würde helfen
wir	werden helfen	wir	würden helfen
ihr	werdet helfen	ihr	würdet helfen
sie	werden helfen	sie	würden helfen

PERFECT INDICATIVE		PLUPERFECT SUBJUNCTIVE	
ich	habe **geholfen**	ich	hätte **geholfen**
du	hast **geholfen**	du	hättest **geholfen**
er	hat **geholfen**	er	hätte **geholfen**
wir	haben **geholfen**	wir	hätten **geholfen**
ihr	habt **geholfen**	ihr	hättet **geholfen**
sie	haben **geholfen**	sie	hätten **geholfen**

IMPERATIVE: **hilf**! helf**en wir**! helft! helf**en Sie**!

to fetch

PRESENT PARTICIPLE	PAST PARTICIPLE
hole**nd**	ge**holt**

PRESENT INDICATIVE		PRESENT SUBJUNCTIVE	
ich	hole	ich	hole
du	holst	du	holest
er	holt	er	hole
wir	holen	wir	holen
ihr	holt	ihr	holet
sie	holen	sie	holen

IMPERFECT INDICATIVE		IMPERFECT SUBJUNCTIVE	
ich	holte	ich	holte
du	holtest	du	holtest
er	holte	er	holte
wir	holten	wir	holten
ihr	holtet	ihr	holtet
sie	holten	sie	holten

FUTURE INDICATIVE		CONDITIONAL	
ich	werde holen	ich	würde holen
du	wirst holen	du	würdest holen
er	wird holen	er	würde holen
wir	werden holen	wir	würden holen
ihr	werdet holen	ihr	würdet holen
sie	werden holen	sie	würden holen

PERFECT INDICATIVE		PLUPERFECT SUBJUNCTIVE	
ich	habe geholt	ich	hätte geholt
du	hast geholt	du	hättest geholt
er	hat geholt	er	hätte geholt
wir	haben geholt	wir	hätten geholt
ihr	habt geholt	ihr	hättet geholt
sie	haben geholt	sie	hätten geholt

IMPERATIVE: hol(e)! holen **wir**! holt! holen **Sie**!

77 **kennen** [mixed, *haben*]

to know (*be acquainted with*)

PRESENT PARTICIPLE	PAST PARTICIPLE
kenn**end**	ge**kannt**

PRESENT INDICATIVE		PRESENT SUBJUNCTIVE	
ich	kenne	ich	kenne
du	kennst	du	kennest
er	kennt	er	kenne
wir	kennen	wir	kennen
ihr	kennt	ihr	kennet
sie	kennen	sie	kennen

IMPERFECT INDICATIVE		IMPERFECT SUBJUNCTIVE	
ich	kannte	ich	kennte
du	kanntest	du	kenntest
er	kannte	er	kennte
wir	kannten	wir	kennten
ihr	kanntet	ihr	kenntet
sie	kannten	sie	kennten

FUTURE INDICATIVE		CONDITIONAL	
ich	werde kennen	ich	würde kennen
du	wirst kennen	du	würdest kennen
er	wird kennen	er	würde kennen
wir	werden kennen	wir	würden kennen
ihr	werdet kennen	ihr	würdet kennen
sie	werden kennen	sie	würden kennen

PERFECT INDICATIVE		PLUPERFECT SUBJUNCTIVE	
ich	habe gekannt	ich	hätte gekannt
du	hast gekannt	du	hättest gekannt
er	hat gekannt	er	hätte gekannt
wir	haben gekannt	wir	hätten gekannt
ihr	habt gekannt	ihr	hättet gekannt
sie	haben gekannt	sie	hätten gekannt

IMPERATIVE: kenn(**e**)! kenn**en** wir! kenn**t**! kenn**en** Sie!

to climb

PRESENT PARTICIPLE	PAST PARTICIPLE
klimme**nd**	**geklommen**

PRESENT INDICATIVE		PRESENT SUBJUNCTIVE	
ich	klimme	ich	klimme
du	klimm**st**	du	klimm**est**
er	klimm**t**	er	klimme
wir	klimm**en**	wir	klimm**en**
ihr	klimm**t**	ihr	klimm**et**
sie	klimm**en**	sie	klimm**en**

IMPERFECT INDICATIVE		IMPERFECT SUBJUNCTIVE	
ich	**klomm**	ich	**klömme**
du	**klommst**	du	**klömmest**
er	**klomm**	er	**klömme**
wir	**klommen**	wir	**klömmen**
ihr	**klommt**	ihr	**klömmet**
sie	**klommen**	sie	**klömmen**

FUTURE INDICATIVE		CONDITIONAL	
ich	werde klimmen	ich	würde klimmen
du	wirst klimmen	du	würdest klimmen
er	wird klimmen	er	würde klimmen
wir	werden klimmen	wir	würden klimmen
ihr	werdet klimmen	ihr	würdet klimmen
sie	werden klimmen	sie	würden klimmen

PERFECT INDICATIVE		PLUPERFECT SUBJUNCTIVE	
ich	bin **geklommen**	ich	wäre **geklommen**
du	bist **geklommen**	du	wär(e)st **geklommen**
er	ist **geklommen**	er	wäre **geklommen**
wir	sind **geklommen**	wir	wären **geklommen**
ihr	seid **geklommen**	ihr	wär(e)t **geklommen**
sie	sind **geklommen**	sie	wären **geklommen**

IMPERATIVE: klimm(**e**)! klimm**en wir**! klimm**t**! klimm**en Sie**!
**Can also be conjugated as a weak verb, see pp 5 ff.*

79 **klingen** [strong, *haben*]
to sound

PRESENT PARTICIPLE	PAST PARTICIPLE
klingen**d**	**geklungen**

PRESENT INDICATIVE	PRESENT SUBJUNCTIVE
ich klinge	ich klinge
du klingst	du klingest
er klingt	er klinge
wir klingen	wir klingen
ihr klingt	ihr klinget
sie klingen	sie klingen

IMPERFECT INDICATIVE	IMPERFECT SUBJUNCTIVE
ich klang	ich klänge
du klangst	du klängest
er klang	er klänge
wir klangen	wir klängen
ihr klangt	ihr klänget
sie klangen	sie klängen

FUTURE INDICATIVE	CONDITIONAL
ich werde klingen	ich würde klingen
du wirst klingen	du würdest klingen
er wird klingen	er würde klingen
wir werden klingen	wir würden klingen
ihr werdet klingen	ihr würdet klingen
sie werden klingen	sie würden klingen

PERFECT INDICATIVE	PLUPERFECT SUBJUNCTIVE
ich habe **geklungen**	ich hätte **geklungen**
du hast **geklungen**	du hättest **geklungen**
er hat **geklungen**	er hätte **geklungen**
wir haben **geklungen**	wir hätten **geklungen**
ihr habt **geklungen**	ihr hättet **geklungen**
sie haben **geklungen**	sie hätten **geklungen**

IMPERATIVE: kling(**e**)! kling**en wir**! klingt! kling**en Sie**!

to pinch

PRESENT PARTICIPLE	PAST PARTICIPLE
kneife**nd**	**gekniffen**

PRESENT INDICATIVE		PRESENT SUBJUNCTIVE	
ich	kneife	ich	kneife
du	kneif**st**	du	kneif**est**
er	kneif**t**	er	kneife
wir	kneife**n**	wir	kneife**n**
ihr	kneif**t**	ihr	kneif**et**
sie	kneife**n**	sie	kneife**n**

IMPERFECT INDICATIVE		IMPERFECT SUBJUNCTIVE	
ich	**kniff**	ich	**kniffe**
du	**kniffst**	du	**kniffest**
er	**kniff**	er	**kniffe**
wir	**kniffen**	wir	**kniffen**
ihr	**knifft**	ihr	**kniffet**
sie	**kniffen**	sie	**kniffen**

FUTURE INDICATIVE		CONDITIONAL	
ich	werde kneifen	ich	würde kneifen
du	wirst kneifen	du	würdest kneifen
er	wird kneifen	er	würde kneifen
wir	werden kneifen	wir	würden kneifen
ihr	werdet kneifen	ihr	würdet kneifen
sie	werden kneifen	sie	würden kneifen

PERFECT INDICATIVE		PLUPERFECT SUBJUNCTIVE	
ich	habe **gekniffen**	ich	hätte **gekniffen**
du	hast **gekniffen**	du	hättest **gekniffen**
er	hat **gekniffen**	er	hätte **gekniffen**
wir	haben **gekniffen**	wir	hätten **gekniffen**
ihr	habt **gekniffen**	ihr	hättet **gekniffen**
sie	haben **gekniffen**	sie	hätten **gekniffen**

IMPERATIVE: kneif(**e**)! kneif**en wir**! kneif**t**! kneif**en Sie**!

81 **kommen** [strong, *sein*]

to come

PRESENT PARTICIPLE	PAST PARTICIPLE
komm**end**	**gekommen**

PRESENT INDICATIVE		PRESENT SUBJUNCTIVE	
ich	komme	ich	komme
du	kommst	du	kommest
er	kommt	er	komme
wir	kommen	wir	kommen
ihr	kommt	ihr	kommet
sie	kommen	sie	kommen

IMPERFECT INDICATIVE		IMPERFECT SUBJUNCTIVE	
ich	kam	ich	käme
du	kamst	du	kämest
er	kam	er	käme
wir	kamen	wir	kämen
ihr	kamt	ihr	kämet
sie	kamen	sie	kämen

FUTURE INDICATIVE		CONDITIONAL	
ich	werde kommen	ich	würde kommen
du	wirst kommen	du	würdest kommen
er	wird kommen	er	würde kommen
wir	werden kommen	wir	würden kommen
ihr	werdet kommen	ihr	würdet kommen
sie	werden kommen	sie	würden kommen

PERFECT INDICATIVE		PLUPERFECT SUBJUNCTIVE	
ich	bin **gekommen**	ich	wäre **gekommen**
du	bist **gekommen**	du	wär(e)st **gekommen**
er	ist **gekommen**	er	wäre **gekommen**
wir	sind **gekommen**	wir	wären **gekommen**
ihr	seid **gekommen**	ihr	wär(e)t **gekommen**
sie	sind **gekommen**	sie	wären **gekommen**

IMPERATIVE: komm(e)! komm**en wir**! kommt! komm**en Sie**!

to be able to

PRESENT PARTICIPLE	PAST PARTICIPLE
können**d**	**gekonnt/können**[*]

PRESENT INDICATIVE		PRESENT SUBJUNCTIVE	
ich	**kann**	**ich**	könne
du	**kannst**	**du**	könn**est**
er	**kann**	**er**	könne
wir	können	**wir**	können
ihr	könn**t**	**ihr**	könn**et**
sie	können	**sie**	können

IMPERFECT INDICATIVE		IMPERFECT SUBJUNCTIVE	
ich	konn**te**	**ich**	könn**te**
du	konn**test**	**du**	könn**test**
er	konn**te**	**er**	könn**te**
wir	konn**ten**	**wir**	könn**ten**
ihr	konn**tet**	**ihr**	könn**tet**
sie	konn**ten**	**sie**	könn**ten**

FUTURE INDICATIVE		CONDITIONAL	
ich	werde können	**ich**	würde können
du	wirst können	**du**	würdest können
er	wird können	**er**	würde können
wir	werden können	**wir**	würden können
ihr	werdet können	**ihr**	würdet können
sie	werden können	**sie**	würden können

PERFECT INDICATIVE		PLUPERFECT SUBJUNCTIVE	
ich	habe **gekonnt/können**	**ich**	hätte **gekonnt/können**
du	hast **gekonnt/können**	**du**	hättest **gekonnt/können**
er	hat **gekonnt/können**	**er**	hätte **gekonnt/können**
wir	haben **gekonnt/können**	**wir**	hätten **gekonnt/können**
ihr	habt **gekonnt/können**	**ihr**	hättet **gekonnt/können**
sie	haben **gekonnt/können**	**sie**	hätten **gekonnt/können**

[*]*The second form is used when combined with an infinitive construction.*

83 **kriechen** [strong, *sein*]

to crawl

PRESENT PARTICIPLE	PAST PARTICIPLE
kriech**end**	**gekrochen**

PRESENT INDICATIVE	PRESENT SUBJUNCTIVE
ich kriech**e**	ich kriech**e**
du kriech**st**	du kriech**est**
er kriech**t**	er kriech**e**
wir kriech**en**	wir kriech**en**
ihr kriech**t**	ihr kriech**et**
sie kriech**en**	sie kriech**en**

IMPERFECT INDICATIVE	IMPERFECT SUBJUNCTIVE
ich kroch	ich kröch**e**
du kroch**st**	du kröch**est**
er kroch	er kröch**e**
wir kroch**en**	wir kröch**en**
ihr kroch**t**	ihr kröch**et**
sie kroch**en**	sie kröch**en**

FUTURE INDICATIVE	CONDITIONAL
ich werde kriechen	ich würde kriechen
du wirst kriechen	du würdest kriechen
er wird kriechen	er würde kriechen
wir werden kriechen	wir würden kriechen
ihr werdet kriechen	ihr würdet kriechen
sie werden kriechen	sie würden kriechen

PERFECT INDICATIVE	PLUPERFECT SUBJUNCTIVE
ich bin **gekrochen**	ich wäre **gekrochen**
du bist **gekrochen**	du wär(e)st **gekrochen**
er ist **gekrochen**	er wäre **gekrochen**
wir sind **gekrochen**	wir wären **gekrochen**
ihr seid **gekrochen**	ihr wär(e)t **gekrochen**
sie sind **gekrochen**	sie wären **gekrochen**

IMPERATIVE: kriech(**e**)! kriech**en** wir! kriech**t**! kriech**en** Sie!

to load; to invite

PRESENT PARTICIPLE	PAST PARTICIPLE
lade**n**	**geladen**

PRESENT INDICATIVE		PRESENT SUBJUNCTIVE	
ich	lade	ich	lade
du	lädst	du	ladest
er	lädt	er	lade
wir	laden	wir	laden
ihr	ladet	ihr	ladet
sie	laden	sie	laden

IMPERFECT INDICATIVE		IMPERFECT SUBJUNCTIVE	
ich	lud	ich	lüde
du	lud(e)st	du	lüdest
er	lud	er	lüde
wir	luden	wir	lüden
ihr	ludet	ihr	lüdet
sie	luden	sie	lüden

FUTURE INDICATIVE		CONDITIONAL	
ich	werde laden	ich	würde laden
du	wirst laden	du	würdest laden
er	wird laden	er	würde laden
wir	werden laden	wir	würden laden
ihr	werdet laden	ihr	würdet laden
sie	werden laden	sie	würden laden

PERFECT INDICATIVE		PLUPERFECT SUBJUNCTIVE	
ich	habe **geladen**	ich	hätte **geladen**
du	hast **geladen**	du	hättest **geladen**
er	hat **geladen**	er	hätte **geladen**
wir	haben **geladen**	wir	hätten **geladen**
ihr	habt **geladen**	ihr	hättet **geladen**
sie	haben **geladen**	sie	hätten **geladen**

IMPERATIVE: lad(**e**)! lad**en wir**! lad**et**! laden **Sie**!

85 **lassen** [strong, *haben*]
to leave; to allow

PRESENT PARTICIPLE	PAST PARTICIPLE
lassend	**gelassen**

PRESENT INDICATIVE	PRESENT SUBJUNCTIVE
ich lasse	ich lasse
du läßt	du lassest
er läßt	er lasse
wir lassen	wir lassen
ihr laßt	ihr lasset
sie lassen	sie lassen

IMPERFECT INDICATIVE	IMPERFECT SUBJUNCTIVE
ich ließ	ich ließe
du ließest	du ließest
er ließ	er ließe
wir ließen	wir ließen
ihr ließt	ihr ließet
sie ließen	sie ließen

FUTURE INDICATIVE	CONDITIONAL
ich werde lassen	ich würde lassen
du wirst lassen	du würdest lassen
er wird lassen	er würde lassen
wir werden lassen	wir würden lassen
ihr werdet lassen	ihr würdet lassen
sie werden lassen	sie würden lassen

PERFECT INDICATIVE	PLUPERFECT SUBJUNCTIVE
ich habe **gelassen**	ich hätte **gelassen**
du hast **gelassen**	du hättest **gelassen**
er hat **gelassen**	er hätte **gelassen**
wir haben **gelassen**	wir hätten **gelassen**
ihr habt **gelassen**	ihr hättet **gelassen**
sie haben **gelassen**	sie hätten **gelassen**

IMPERATIVE: laß! lass**en wir**! laßt! lassen **Sie**!

to run

PRESENT PARTICIPLE	PAST PARTICIPLE
laufe**nd**	**gelaufen**

PRESENT INDICATIVE		PRESENT SUBJUNCTIVE	
ich	laufe	ich	laufe
du	**läufst**	du	laufest
er	**läuft**	er	laufe
wir	laufen	wir	laufen
ihr	lauft	ihr	laufet
sie	laufen	sie	laufen

IMPERFECT INDICATIVE		IMPERFECT SUBJUNCTIVE	
ich	lief	ich	liefe
du	liefst	du	liefest
er	lief	er	liefe
wir	liefen	wir	liefen
ihr	lieft	ihr	liefet
sie	liefen	sie	liefen

FUTURE INDICATIVE		CONDITIONAL	
ich	werde laufen	ich	würde laufen
du	wirst laufen	du	würdest laufen
er	wird laufen	er	würde laufen
wir	werden laufen	wir	würden laufen
ihr	werdet laufen	ihr	würdet laufen
sie	werden laufen	sie	würden laufen

PERFECT INDICATIVE		PLUPERFECT SUBJUNCTIVE	
ich	bin **gelaufen**	ich	wäre **gelaufen**
du	bist **gelaufen**	du	wär(e)st **gelaufen**
er	ist **gelaufen**	er	wäre **gelaufen**
wir	sind **gelaufen**	wir	wären **gelaufen**
ihr	seid **gelaufen**	ihr	wär(e)t **gelaufen**
sie	sind **gelaufen**	sie	wären **gelaufen**

IMPERATIVE: lauf(e)! lauf**en wir**! lauft! lauf**en Sie**!

87 leiden [strong, *haben*]
to suffer

PRESENT PARTICIPLE	PAST PARTICIPLE
leidend	gelitten

PRESENT INDICATIVE		PRESENT SUBJUNCTIVE	
ich	leide	ich	leide
du	leidest	du	leidest
er	leidet	er	leide
wir	leiden	wir	leiden
ihr	leidet	ihr	leidet
sie	leiden	sie	leiden

IMPERFECT INDICATIVE		IMPERFECT SUBJUNCTIVE	
ich	litt	ich	litte
du	litt(e)st	du	littest
er	litt	er	litte
wir	litten	wir	litten
ihr	littet	ihr	littet
sie	litten	sie	litten

FUTURE INDICATIVE		CONDITIONAL	
ich	werde leiden	ich	würde leiden
du	wirst leiden	du	würdest leiden
er	wird leiden	er	würde leiden
wir	werden leiden	wir	würden leiden
ihr	werdet leiden	ihr	würdet leiden
sie	werden leiden	sie	würden leiden

PERFECT INDICATIVE		PLUPERFECT SUBJUNCTIVE	
ich	habe gelitten	ich	hätte gelitten
du	hast gelitten	du	hättest gelitten
er	hat gelitten	er	hätte gelitten
wir	haben gelitten	wir	hätten gelitten
ihr	habt gelitten	ihr	hättet gelitten
sie	haben gelitten	sie	hätten gelitten

IMPERATIVE: leid(e)! leiden wir! leidet! leiden Sie!

to lend

PRESENT PARTICIPLE	PAST PARTICIPLE
leihe**nd**	**geliehen**

PRESENT INDICATIVE		PRESENT SUBJUNCTIVE	
ich	leihe	ich	leihe
du	leihst	du	leihest
er	leiht	er	leihe
wir	leihen	wir	leihen
ihr	leiht	ihr	leihet
sie	leihen	sie	leihen

IMPERFECT INDICATIVE		IMPERFECT SUBJUNCTIVE	
ich	**lieh**	ich	**liehe**
du	**liehst**	du	**liehest**
er	**lieh**	er	**liehe**
wir	**liehen**	wir	**liehen**
ihr	**lieht**	ihr	**liehet**
sie	**liehen**	sie	**liehen**

FUTURE INDICATIVE		CONDITIONAL	
ich	werde leihen	ich	würde leihen
du	wirst leihen	du	würdest leihen
er	wird leihen	er	würde leihen
wir	werden leihen	wir	würden leihen
ihr	werdet leihen	ihr	würdet leihen
sie	werden leihen	sie	würden leihen

PERFECT INDICATIVE		PLUPERFECT SUBJUNCTIVE	
ich	habe **geliehen**	ich	hätte **geliehen**
du	hast **geliehen**	du	hättest **geliehen**
er	hat **geliehen**	er	hätte **geliehen**
wir	haben **geliehen**	wir	hätten **geliehen**
ihr	habt **geliehen**	ihr	hättet **geliehen**
sie	haben **geliehen**	sie	hätten **geliehen**

IMPERATIVE: leih(e)! leihen **wir**! leiht! leihen **Sie**!

89 **lesen** [strong, *haben*]
to read

PRESENT PARTICIPLE	PAST PARTICIPLE
lesend	gelesen

PRESENT INDICATIVE		PRESENT SUBJUNCTIVE	
ich	lese	ich	lese
du	liest	du	lesest
er	liest	er	lese
wir	lesen	wir	lesen
ihr	lest	ihr	leset
sie	lesen	sie	lesen

IMPERFECT INDICATIVE		IMPERFECT SUBJUNCTIVE	
ich	las	ich	läse
du	lasest	du	läsest
er	las	er	läse
wir	lasen	wir	läsen
ihr	last	ihr	läset
sie	lasen	sie	läsen

FUTURE INDICATIVE		CONDITIONAL	
ich	werde lesen	ich	würde lesen
du	wirst lesen	du	würdest lesen
er	wird lesen	er	würde lesen
wir	werden lesen	wir	würden lesen
ihr	werdet lesen	ihr	würdet lesen
sie	werden lesen	sie	würden lesen

PERFECT INDICATIVE		PLUPERFECT SUBJUNCTIVE	
ich	habe **gelesen**	ich	hätte **gelesen**
du	hast **gelesen**	du	hättest **gelesen**
er	hat **gelesen**	er	hätte **gelesen**
wir	haben **gelesen**	wir	hätten **gelesen**
ihr	habt **gelesen**	ihr	hättet **gelesen**
sie	haben **gelesen**	sie	hätten **gelesen**

IMPERATIVE: **lies**! **lesen wir**! **lest**! lesen **Sie**!

to lie

PRESENT PARTICIPLE	PAST PARTICIPLE
liegen**d**	**gelegen**

PRESENT INDICATIVE		PRESENT SUBJUNCTIVE	
ich	liege	**ich**	liege
du	liegst	**du**	liegest
er	liegt	**er**	liege
wir	liegen	**wir**	liegen
ihr	liegt	**ihr**	lieget
sie	liegen	**sie**	liegen

IMPERFECT INDICATIVE		IMPERFECT SUBJUNCTIVE	
ich	lag	**ich**	läge
du	lagst	**du**	lägest
er	lag	**er**	läge
wir	lagen	**wir**	lägen
ihr	lagt	**ihr**	läget
sie	lagen	**sie**	lägen

FUTURE INDICATIVE		CONDITIONAL	
ich	werde liegen	**ich**	würde liegen
du	wirst liegen	**du**	würdest liegen
er	wird liegen	**er**	würde liegen
wir	werden liegen	**wir**	würden liegen
ihr	werdet liegen	**ihr**	würdet liegen
sie	werden liegen	**sie**	würden liegen

PERFECT INDICATIVE		PLUPERFECT SUBJUNCTIVE	
ich	habe **gelegen**	**ich**	hätte **gelegen**
du	hast **gelegen**	**du**	hättest **gelegen**
er	hat **gelegen**	**er**	hätte **gelegen**
wir	haben **gelegen**	**wir**	hätten **gelegen**
ihr	habt **gelegen**	**ihr**	hättet **gelegen**
sie	haben **gelegen**	**sie**	hätten **gelegen**

IMPERATIVE: lieg(**e**)! lieg**en wir**! liegt! lieg**en Sie**!

91 lügen [strong, *haben*]

to (tell a) lie

PRESENT PARTICIPLE	PAST PARTICIPLE
lügend	gelogen

PRESENT INDICATIVE	PRESENT SUBJUNCTIVE
ich lüge	ich lüge
du lügst	du lügest
er lügt	er lüge
wir lügen	wir lügen
ihr lügt	ihr lüget
sie lügen	sie lügen

IMPERFECT INDICATIVE	IMPERFECT SUBJUNCTIVE
ich log	ich löge
du logst	du lögest
er log	er löge
wir logen	wir lögen
ihr logt	ihr löget
sie logen	sie lögen

FUTURE INDICATIVE	CONDITIONAL
ich werde lügen	ich würde lügen
du wirst lügen	du würdest lügen
er wird lügen	er würde lügen
wir werden lügen	wir würden lügen
ihr werdet lügen	ihr würdet lügen
sie werden lügen	sie würden lügen

PERFECT INDICATIVE	PLUPERFECT SUBJUNCTIVE
ich habe gelogen	ich hätte gelogen
du hast gelogen	du hättest gelogen
er hat gelogen	er hätte gelogen
wir haben gelogen	wir hätten gelogen
ihr habt gelogen	ihr hättet gelogen
sie haben gelogen	sie hätten gelogen

IMPERATIVE: lüg(e)! lügen wir! lügt! lügen Sie!

to grind

PRESENT PARTICIPLE	PAST PARTICIPLE
mahlen**d**	**gemahlen**

PRESENT INDICATIVE		PRESENT SUBJUNCTIVE	
ich	mahle	ich	mahle
du	mahl**st**	du	mahl**est**
er	mahl**t**	er	mahle
wir	mahlen	wir	mahlen
ihr	mahl**t**	ihr	mahl**et**
sie	mahlen	sie	mahlen

IMPERFECT INDICATIVE		IMPERFECT SUBJUNCTIVE	
ich	mahl**te**	ich	mahl**te**
du	mahl**test**	du	mahl**test**
er	mahl**te**	er	mahl**te**
wir	mahl**ten**	wir	mahl**ten**
ihr	mahl**tet**	ihr	mahl**tet**
sie	mahl**ten**	sie	mahl**ten**

FUTURE INDICATIVE		CONDITIONAL	
ich	werde mahlen	ich	würde mahlen
du	wirst mahlen	du	würdest mahlen
er	wird mahlen	er	würde mahlen
wir	werden mahlen	wir	würden mahlen
ihr	werdet mahlen	ihr	würdet mahlen
sie	werden mahlen	sie	würden mahlen

PERFECT INDICATIVE		PLUPERFECT SUBJUNCTIVE	
ich	habe **gemahlen**	ich	hätte **gemahlen**
du	hast **gemahlen**	du	hättest **gemahlen**
er	hat **gemahlen**	er	hätte **gemahlen**
wir	haben **gemahlen**	wir	hätten **gemahlen**
ihr	habt **gemahlen**	ihr	hättet **gemahlen**
sie	haben **gemahlen**	sie	hätten **gemahlen**

IMPERATIVE: mahl(**e**)! mahl**en wir**! mahl**t**! mahlen **Sie**!
*NB No vowel change in the imperfect tense or past participle.

93 **meiden** [strong, *haben*]

to avoid

PRESENT PARTICIPLE	PAST PARTICIPLE
meid**end**	**gemieden**

PRESENT INDICATIVE		PRESENT SUBJUNCTIVE	
ich	meide	ich	meide
du	meid**est**	du	meid**est**
er	meid**et**	er	meide
wir	meid**en**	wir	meid**en**
ihr	meid**et**	ihr	meid**et**
sie	meid**en**	sie	meid**en**

IMPERFECT INDICATIVE		IMPERFECT SUBJUNCTIVE	
ich	mied	ich	miede
du	mied(e)st	du	miedest
er	mied	er	miede
wir	mied**en**	wir	mied**en**
ihr	mied**et**	ihr	mied**et**
sie	mied**en**	sie	mied**en**

FUTURE INDICATIVE		CONDITIONAL	
ich	werde meiden	ich	würde meiden
du	wirst meiden	du	würdest meiden
er	wird meiden	er	würde meiden
wir	werden meiden	wir	würden meiden
ihr	werdet meiden	ihr	würdet meiden
sie	werden meiden	sie	würden meiden

PERFECT INDICATIVE		PLUPERFECT SUBJUNCTIVE	
ich	habe **gemieden**	ich	hätte **gemieden**
du	hast **gemieden**	du	hättest **gemieden**
er	hat **gemieden**	er	hätte **gemieden**
wir	haben **gemieden**	wir	hätten **gemieden**
ihr	habt **gemieden**	ihr	hättet **gemieden**
sie	haben **gemieden**	sie	hätten **gemieden**

IMPERATIVE: meid(**e**)! meid**en wir**! meid**et**! meid**en Sie**!

to measure

PRESENT PARTICIPLE	PAST PARTICIPLE
messen**d**	**gemessen**

PRESENT INDICATIVE		PRESENT SUBJUNCTIVE	
ich	messe	ich	messe
du	mißt	du	messest
er	mißt	er	messe
wir	messen	wir	messen
ihr	meßt	ihr	messet
sie	messen	sie	messen

IMPERFECT INDICATIVE		IMPERFECT SUBJUNCTIVE	
ich	maß	ich	mäße
du	maßest	du	mäßest
er	maß	er	mäße
wir	maßen	wir	mäßen
ihr	maßt	ihr	mäßet
sie	maßen	sie	mäßen

FUTURE INDICATIVE		CONDITIONAL	
ich	werde messen	ich	würde messen
du	wirst messen	du	würdest messen
er	wird messen	er	würde messen
wir	werden messen	wir	würden messen
ihr	werdet messen	ihr	würdet messen
sie	werden messen	sie	würden messen

PERFECT INDICATIVE		PLUPERFECT SUBJUNCTIVE	
ich	habe **gemessen**	ich	hätte **gemessen**
du	hast **gemessen**	du	hättest **gemessen**
er	hat **gemessen**	er	hätte **gemessen**
wir	haben **gemessen**	wir	hätten **gemessen**
ihr	habt **gemessen**	ihr	hättet **gemessen**
sie	haben **gemessen**	sie	hätten **gemessen**

IMPERATIVE: **miß**! messen wir! meßt! messen Sie!

95 **mißtrauen** [weak, inseparable, *haben*]

to mistrust

PRESENT PARTICIPLE	PAST PARTICIPLE
mißtrauend	mißtraut

PRESENT INDICATIVE		PRESENT SUBJUNCTIVE	
ich	mißtraue	ich	mißtraue
du	mißtraust	du	mißtrauest
er	mißtraut	er	mißtraue
wir	mißtrauen	wir	mißtrauen
ihr	mißtraut	ihr	mißtrauet
sie	mißtrauen	sie	mißtrauen

IMPERFECT INDICATIVE		IMPERFECT SUBJUNCTIVE	
ich	mißtraute	ich	mißtraute
du	mißtrautest	du	mißtrautest
er	mißtraute	er	mißtraute
wir	mißtrauten	wir	mißtrauten
ihr	mißtrautet	ihr	mißtrautet
sie	mißtrauten	sie	mißtrauten

FUTURE INDICATIVE		CONDITIONAL	
ich	werde mißtrauen	ich	würde mißtrauen
du	wirst mißtrauen	du	würdest mißtrauen
er	wird mißtrauen	er	würde mißtrauen
wir	werden mißtrauen	wir	würden mißtrauen
ihr	werdet mißtrauen	ihr	würdet mißtrauen
sie	werden mißtrauen	sie	würden mißtrauen

PERFECT INDICATIVE		PLUPERFECT SUBJUNCTIVE	
ich	habe mißtraut	ich	hätte mißtraut
du	hast mißtraut	du	hättest mißtraut
er	hat mißtraut	er	hätte mißtraut
wir	haben mißtraut	wir	hätten mißtraut
ihr	habt mißtraut	ihr	hättet mißtraut
sie	haben mißtraut	sie	hätten mißtraut

IMPERATIVE: mißtrau(e)! mißtrauen wir! mißtraut! mißtrauen Sie!

PRESENT PARTICIPLE	PAST PARTICIPLE
mögen**d**	**gemocht/mögen**[*]

PRESENT INDICATIVE		PRESENT SUBJUNCTIVE	
ich	**mag**	ich	möge
du	**magst**	du	mögest
er	**mag**	er	möge
wir	mögen	wir	mögen
ihr	mögt	ihr	möget
sie	mögen	sie	mögen

IMPERFECT INDICATIVE		IMPERFECT SUBJUNCTIVE	
ich	**mochte**	ich	**möchte**
du	**mochtest**	du	**möchtest**
er	**mochte**	er	**möchte**
wir	**mochten**	wir	**möchten**
ihr	**mochtet**	ihr	**möchtet**
sie	**mochten**	sie	**möchten**

FUTURE INDICATIVE		CONDITIONAL	
ich	werde mögen	ich	würde mögen
du	wirst mögen	du	würdest mögen
er	wird mögen	er	würde mögen
wir	werden mögen	wir	würden mögen
ihr	werdet mögen	ihr	würdet mögen
sie	werden mögen	sie	würden mögen

PERFECT INDICATIVE		PLUPERFECT SUBJUNCTIVE	
ich	habe **gemocht/mögen**	ich	hätte **gemocht/mögen**
du	hast **gemocht/mögen**	du	hättest **gemocht/mögen**
er	hat **gemocht/mögen**	er	hätte **gemocht/mögen**
wir	haben **gemocht/mögen**	wir	hätten **gemocht/mögen**
ihr	habt **gemocht/mögen**	ihr	hättet **gemocht/mögen**
sie	haben **gemocht/mögen**	sie	hätten **gemocht/mögen**

[*]*The second form is used when combined with an infinitive construction.*

97 **müssen** [modal, *haben*]

to have to

PRESENT PARTICIPLE müssen**d**	PAST PARTICIPLE **gemußt/müssen**[*]

PRESENT INDICATIVE		PRESENT SUBJUNCTIVE	
ich	**muß**	ich	müsse
du	**mußt**	du	müssest
er	**muß**	er	müsse
wir	**müssen**	wir	müssen
ihr	**müßt**	ihr	müsset
sie	**müssen**	sie	müssen

IMPERFECT INDICATIVE		IMPERFECT SUBJUNCTIVE	
ich	**mußte**	ich	**müßte**
du	**mußtest**	du	**müßtest**
er	**mußte**	er	**müßte**
wir	**mußten**	wir	**müßten**
ihr	**mußtet**	ihr	**müßtet**
sie	**mußten**	sie	**müßten**

FUTURE INDICATIVE		CONDITIONAL	
ich	werde müssen	ich	würde müssen
du	wirst müssen	du	würdest müssen
er	wird müssen	er	würde müssen
wir	werden müssen	wir	würden müssen
ihr	werdet müssen	ihr	würdet müssen
sie	werden müssen	sie	würden müssen

PERFECT INDICATIVE		PLUPERFECT SUBJUNCTIVE	
ich	habe **gemußt/müssen**	ich	hätte **gemußt/müssen**
du	hast **gemußt/müssen**	du	hättest **gemußt/müssen**
er	hat **gemußt/müssen**	er	hätte **gemußt/müssen**
wir	haben **gemußt/müssen**	wir	hätten **gemußt/müssen**
ihr	habt **gemußt/müssen**	ihr	hättet **gemußt/müssen**
sie	haben **gemußt/müssen**	sie	hätten **gemußt/müssen**

[*]*The second form is used when combined with an infinitive construction.*

to take

PRESENT PARTICIPLE	PAST PARTICIPLE
nehmen**d**	**genommen**

PRESENT INDICATIVE		PRESENT SUBJUNCTIVE	
ich	nehme	**ich**	nehme
du	nimmst	**du**	nehmest
er	nimmt	**er**	nehme
wir	nehmen	**wir**	nehmen
ihr	nehmt	**ihr**	nehmet
sie	nehmen	**sie**	nehmen

IMPERFECT INDICATIVE		IMPERFECT SUBJUNCTIVE	
ich	nahm	**ich**	nähme
du	nahmst	**du**	nähmest
er	nahm	**er**	nähme
wir	nahmen	**wir**	nähmen
ihr	nahmt	**ihr**	nähmet
sie	nahmen	**sie**	nähmen

FUTURE INDICATIVE		CONDITIONAL	
ich	werde nehmen	**ich**	würde nehmen
du	wirst nehmen	**du**	würdest nehmen
er	wird nehmen	**er**	würde nehmen
wir	werden nehmen	**wir**	würden nehmen
ihr	werdet nehmen	**ihr**	würdet nehmen
sie	werden nehmen	**sie**	würden nehmen

PERFECT INDICATIVE		PLUPERFECT SUBJUNCTIVE	
ich	habe **genommen**	**ich**	hätte **genommen**
du	hast **genommen**	**du**	hättest **genommen**
er	hat **genommen**	**er**	hätte **genommen**
wir	haben **genommen**	**wir**	hätten **genommen**
ihr	habt **genommen**	**ihr**	hättet **genommen**
sie	haben **genommen**	**sie**	hätten **genommen**

IMPERATIVE: **nimm**! nehm**en wir**! nehm**t**! nehm**en Sie**!

99 **nennen** [mixed, *haben*]

to name

PRESENT PARTICIPLE	PAST PARTICIPLE
nennend	genannt

PRESENT INDICATIVE		PRESENT SUBJUNCTIVE	
ich	nenne	ich	nenne
du	nennst	du	nennest
er	nennt	er	nenne
wir	nennen	wir	nennen
ihr	nennt	ihr	nennet
sie	nennen	sie	nennen

IMPERFECT INDICATIVE		IMPERFECT SUBJUNCTIVE	
ich	nannte	ich	nennte
du	nanntest	du	nenntest
er	nannte	er	nennte
wir	nannten	wir	nennten
ihr	nanntet	ihr	nenntet
sie	nannten	sie	nennten

FUTURE INDICATIVE		CONDITIONAL	
ich	werde nennen	ich	würde nennen
du	wirst nennen	du	würdest nennen
er	wird nennen	er	würde nennen
wir	werden nennen	wir	würden nennen
ihr	werdet nennen	ihr	würdet nennen
sie	werden nennen	sie	würden nennen

PERFECT INDICATIVE		PLUPERFECT SUBJUNCTIVE	
ich	habe genannt	ich	hätte genannt
du	hast genannt	du	hättest genannt
er	hat genannt	er	hätte genannt
wir	haben genannt	wir	hätten genannt
ihr	habt genannt	ihr	hättet genannt
sie	haben genannt	sie	hätten genannt

IMPERATIVE: nenn(e)! nennen wir! nennt! nennen Sie!

to whistle

PRESENT PARTICIPLE	PAST PARTICIPLE
pfeifend	**gepfiffen**

PRESENT INDICATIVE	PRESENT SUBJUNCTIVE
ich pfeife	ich pfeife
du pfeifst	du pfeifest
er pfeift	er pfeife
wir pfeifen	wir pfeifen
ihr pfeift	ihr pfeifet
sie pfeifen	sie pfeifen

IMPERFECT INDICATIVE	IMPERFECT SUBJUNCTIVE
ich pfiff	ich pfiffe
du pfiffst	du pfiffest
er pfiff	er pfiffe
wir pfiffen	wir pfiffen
ihr pfifft	ihr pfiffet
sie pfiffen	sie pfiffen

FUTURE INDICATIVE	CONDITIONAL
ich werde pfeifen	ich würde pfeifen
du wirst pfeifen	du würdest pfeifen
er wird pfeifen	er würde pfeifen
wir werden pfeifen	wir würden pfeifen
ihr werdet pfeifen	ihr würdet pfeifen
sie werden pfeifen	sie würden pfeifen

PERFECT INDICATIVE	PLUPERFECT SUBJUNCTIVE
ich habe gepfiffen	ich hätte gepfiffen
du hast gepfiffen	du hättest gepfiffen
er hat gepfiffen	er hätte gepfiffen
wir haben gepfiffen	wir hätten gepfiffen
ihr habt gepfiffen	ihr hättet gepfiffen
sie haben gepfiffen	sie hätten gepfiffen

IMPERATIVE: pfeif(e)! pfeifen wir! pfeift! pfeifen Sie!

101 **preisen** [strong, *haben*]

to praise

PRESENT PARTICIPLE	PAST PARTICIPLE
preisen**d**	ge**priesen**

PRESENT INDICATIVE		PRESENT SUBJUNCTIVE	
ich	preise	ich	preise
du	preist	du	preisest
er	preist	er	preise
wir	preisen	wir	preisen
ihr	preist	ihr	preiset
sie	preisen	sie	preisen

IMPERFECT INDICATIVE		IMPERFECT SUBJUNCTIVE	
ich	pries	ich	priese
du	priesest	du	priesest
er	pries	er	priese
wir	priesen	wir	priesen
ihr	priest	ihr	prieset
sie	priesen	sie	priesen

FUTURE INDICATIVE		CONDITIONAL	
ich	werde preisen	ich	würde preisen
du	wirst preisen	du	würdest preisen
er	wird preisen	er	würde preisen
wir	werden preisen	wir	würden preisen
ihr	werdet preisen	ihr	würdet preisen
sie	werden preisen	sie	würden preisen

PERFECT INDICATIVE		PLUPERFECT SUBJUNCTIVE	
ich	habe ge**priesen**	ich	hätte ge**priesen**
du	hast ge**priesen**	du	hättest ge**priesen**
er	hat ge**priesen**	er	hätte ge**priesen**
wir	haben ge**priesen**	wir	hätten ge**priesen**
ihr	habt ge**priesen**	ihr	hättet ge**priesen**
sie	haben ge**priesen**	sie	hätten ge**priesen**

IMPERATIVE: preis(**e**)! preis**en wir**! preis**t**! preis**en Sie**!

to gush

PRESENT PARTICIPLE	PAST PARTICIPLE
quelle**nd**	**gequollen**

PRESENT INDICATIVE		PRESENT SUBJUNCTIVE	
ich	quelle	**ich**	quelle
du	quillst	**du**	quellest
er	quillt	**er**	quelle
wir	quellen	**wir**	quellen
ihr	quellt	**ihr**	quellet
sie	quellen	**sie**	quellen

IMPERFECT INDICATIVE		IMPERFECT SUBJUNCTIVE	
ich	quoll	**ich**	quölle
du	quollst	**du**	quöllest
er	quoll	**er**	quölle
wir	quollen	**wir**	quöllen
ihr	quollt	**ihr**	quöllet
sie	quollen	**sie**	quöllen

FUTURE INDICATIVE		CONDITIONAL	
ich	werde quellen	**ich**	würde quellen
du	wirst quellen	**du**	würdest quellen
er	wird quellen	**er**	würde quellen
wir	werden quellen	**wir**	würden quellen
ihr	werdet quellen	**ihr**	würdet quellen
sie	werden quellen	**sie**	würden quellen

PERFECT INDICATIVE		PLUPERFECT SUBJUNCTIVE	
ich	bin **gequollen**	**ich**	wäre **gequollen**
du	bist **gequollen**	**du**	wär(e)st **gequollen**
er	ist **gequollen**	**er**	wäre **gequollen**
wir	sind **gequollen**	**wir**	wären **gequollen**
ihr	seid **gequollen**	**ihr**	wär(e)t **gequollen**
sie	sind **gequollen**	**sie**	wären **gequollen**

IMPERATIVE: **quill**! quell**en wir**! quell**t**! quell**en Sie**!

103 **rasen** [weak, *sein*]

to race

PRESENT PARTICIPLE	PAST PARTICIPLE
rase**nd**	**gerast**

PRESENT INDICATIVE		PRESENT SUBJUNCTIVE	
ich	rase	ich	rase
du	rast	du	rasest
er	rast	er	rase
wir	rasen	wir	rasen
ihr	rast	ihr	raset
sie	rasen	sie	rasen

IMPERFECT INDICATIVE		IMPERFECT SUBJUNCTIVE	
ich	raste	ich	raste
du	rastest	du	rastest
er	raste	er	raste
wir	rasten	wir	rasten
ihr	rastet	ihr	rastet
sie	rasten	sie	rasten

FUTURE INDICATIVE		CONDITIONAL	
ich	werde rasen	ich	würde rasen
du	wirst rasen	du	würdest rasen
er	wird rasen	er	würde rasen
wir	werden rasen	wir	würden rasen
ihr	werdet rasen	ihr	würdet rasen
sie	werden rasen	sie	würden rasen

PERFECT INDICATIVE		PLUPERFECT SUBJUNCTIVE	
ich	bin **gerast**	ich	wäre **gerast**
du	bist **gerast**	du	wär(e)st **gerast**
er	ist **gerast**	er	wäre **gerast**
wir	sind **gerast**	wir	wären **gerast**
ihr	seid **gerast**	ihr	wär(e)t **gerast**
sie	sind **gerast**	sie	wären **gerast**

IMPERATIVE: ras(**e**)! rase**n wir**! rast! rasen **Sie**!

to guess; to advise

PRESENT PARTICIPLE	PAST PARTICIPLE
rate**nd**	**geraten**

PRESENT INDICATIVE		PRESENT SUBJUNCTIVE	
ich	rate	ich	rate
du	**rätst**	du	ratest
er	**rät**	er	rate
wir	raten	wir	raten
ihr	ratet	ihr	ratet
sie	raten	sie	raten

IMPERFECT INDICATIVE		IMPERFECT SUBJUNCTIVE	
ich	**riet**	ich	**riete**
du	**riet(e)st**	du	**rietest**
er	**riet**	er	**riete**
wir	**rieten**	wir	**rieten**
ihr	**rietet**	ihr	**rietet**
sie	**rieten**	sie	**rieten**

FUTURE INDICATIVE		CONDITIONAL	
ich	werde raten	ich	würde raten
du	wirst raten	du	würdest raten
er	wird raten	er	würde raten
wir	werden raten	wir	würden raten
ihr	werdet raten	ihr	würdet raten
sie	werden raten	sie	würden raten

PERFECT INDICATIVE		PLUPERFECT SUBJUNCTIVE	
ich	habe **geraten**	ich	hätte **geraten**
du	hast **geraten**	du	hättest **geraten**
er	hat **geraten**	er	hätte **geraten**
wir	haben **geraten**	wir	hätten **geraten**
ihr	habt **geraten**	ihr	hättet **geraten**
sie	haben **geraten**	sie	hätten **geraten**

IMPERATIVE: rat(e)! raten **wir**! ratet! raten Sie!

105 **rechnen** [weak, *haben*]

to calculate

PRESENT PARTICIPLE	*PAST PARTICIPLE*
rechne**nd**	**ge**rechne**t**

PRESENT INDICATIVE		*PRESENT SUBJUNCTIVE*	
ich	rechne	ich	rechne
du	rechne**st**	du	rechne**st**
er	rechne**t**	er	rechne
wir	rechne**n**	wir	rechne**n**
ihr	rechne**t**	ihr	rechne**t**
sie	rechne**n**	sie	rechne**n**

IMPERFECT INDICATIVE		*IMPERFECT SUBJUNCTIVE*	
ich	rechne**te**	ich	rechne**te**
du	rechne**test**	du	rechne**test**
er	rechne**te**	er	rechne**te**
wir	rechne**ten**	wir	rechne**ten**
ihr	rechne**tet**	ihr	rechne**tet**
sie	rechne**ten**	sie	rechne**ten**

FUTURE INDICATIVE		*CONDITIONAL*	
ich	werde rechnen	ich	würde rechnen
du	wirst rechnen	du	würdest rechnen
er	wird rechnen	er	würde rechnen
wir	werden rechnen	wir	würden rechnen
ihr	werdet rechnen	ihr	würdet rechnen
sie	werden rechnen	sie	würden rechnen

PERFECT INDICATIVE		*PLUPERFECT SUBJUNCTIVE*	
ich	habe **ge**rechnet	ich	hätte **ge**rechnet
du	hast **ge**rechnet	du	hättest **ge**rechnet
er	hat **ge**rechnet	er	hätte **ge**rechnet
wir	haben **ge**rechnet	wir	hätten **ge**rechnet
ihr	habt **ge**rechnet	ihr	hättet **ge**rechnet
sie	haben **ge**rechnet	sie	hätten **ge**rechnet

IMPERATIVE: rechne! rechnen **wir**! rechnet! rechnen **Sie**!

to talk

PRESENT PARTICIPLE	PAST PARTICIPLE
redend	geredet

PRESENT INDICATIVE		PRESENT SUBJUNCTIVE	
ich	rede	ich	rede
du	redest	du	redest
er	redet	er	rede
wir	reden	wir	reden
ihr	redet	ihr	redet
sie	reden	sie	reden

IMPERFECT INDICATIVE		IMPERFECT SUBJUNCTIVE	
ich	redete	ich	redete
du	redetest	du	redetest
er	redete	er	redete
wir	redeten	wir	redeten
ihr	redetet	ihr	redetet
sie	redeten	sie	redeten

FUTURE INDICATIVE		CONDITIONAL	
ich	werde reden	ich	würde reden
du	wirst reden	du	würdest reden
er	wird reden	er	würde reden
wir	werden reden	wir	würden reden
ihr	werdet reden	ihr	würdet reden
sie	werden reden	sie	würden reden

PERFECT INDICATIVE		PLUPERFECT SUBJUNCTIVE	
ich	habe geredet	ich	hätte geredet
du	hast geredet	du	hättest geredet
er	hat geredet	er	hätte geredet
wir	haben geredet	wir	hätten geredet
ihr	habt geredet	ihr	hättet geredet
sie	haben geredet	sie	hätten geredet

IMPERATIVE: red(e)! reden wir! redet! reden Sie!

107 **reiben** [strong, *haben*]

to rub

PRESENT PARTICIPLE	PAST PARTICIPLE
reibe**nd**	**gerieben**

PRESENT INDICATIVE		PRESENT SUBJUNCTIVE	
ich	reibe	ich	reibe
du	reibst	du	reibest
er	reibt	er	reibe
wir	reiben	wir	reiben
ihr	reibt	ihr	reibet
sie	reiben	sie	reiben

IMPERFECT INDICATIVE		IMPERFECT SUBJUNCTIVE	
ich	**rieb**	ich	**riebe**
du	**riebst**	du	**riebest**
er	**rieb**	er	**riebe**
wir	**rieben**	wir	**rieben**
ihr	**riebt**	ihr	**riebet**
sie	**rieben**	sie	**rieben**

FUTURE INDICATIVE		CONDITIONAL	
ich	werde reiben	ich	würde reiben
du	wirst reiben	du	würdest reiben
er	wird reiben	er	würde reiben
wir	werden reiben	wir	würden reiben
ihr	werdet reiben	ihr	würdet reiben
sie	werden reiben	sie	würden reiben

PERFECT INDICATIVE		PLUPERFECT SUBJUNCTIVE	
ich	habe **gerieben**	ich	hätte **gerieben**
du	hast **gerieben**	du	hättest **gerieben**
er	hat **gerieben**	er	hätte **gerieben**
wir	haben **gerieben**	wir	hätten **gerieben**
ihr	habt **gerieben**	ihr	hättet **gerieben**
sie	haben **gerieben**	sie	hätten **gerieben**

IMPERATIVE: reib(**e**)! reib**en wir**! reibt! reib**en Sie**!

to tear (*transitive/intransitive*)

PRESENT PARTICIPLE	PAST PARTICIPLE
reiß**end**	**gerissen**

PRESENT INDICATIVE	PRESENT SUBJUNCTIVE
ich reiße	ich reiße
du reißt	du reißest
er reißt	er reiße
wir reißen	wir reißen
ihr reißt	ihr reißet
sie reißen	sie reißen

IMPERFECT INDICATIVE	IMPERFECT SUBJUNCTIVE
ich riß	ich risse
du rissest	du rissest
er riß	er risse
wir rissen	wir rissen
ihr rißt	ihr risset
sie rissen	sie rissen

FUTURE INDICATIVE	CONDITIONAL
ich werde reißen	ich würde reißen
du wirst reißen	du würdest reißen
er wird reißen	er würde reißen
wir werden reißen	wir würden reißen
ihr werdet reißen	ihr würdet reißen
sie werden reißen	sie würden reißen

PERFECT INDICATIVE	PLUPERFECT SUBJUNCTIVE
ich habe **gerissen**[*]	ich hätte **gerissen**[*]
du hast **gerissen**	du hättest **gerissen**
er hat **gerissen**	er hätte **gerissen**
wir haben **gerissen**	wir hätten **gerissen**
ihr habt **gerissen**	ihr hättet **gerissen**
sie haben **gerissen**	sie hätten **gerissen**

IMPERATIVE: reiß(**e**)! reiß**en wir**! reiß**t**! reiß**en Sie**!
[*]*OR:* **ich** bin/wäre **gerissen** *etc* (*when intransitive*).

109 **reiten** [strong, *haben/sein*]

to ride (*transitive/intransitive*)

PRESENT PARTICIPLE	PAST PARTICIPLE
reiten**d**	**geritten**

PRESENT INDICATIVE		PRESENT SUBJUNCTIVE	
ich	reite	ich	reite
du	reitest	du	reitest
er	reitet	er	reite
wir	reiten	wir	reiten
ihr	reitet	ihr	reitet
sie	reiten	sie	reiten

IMPERFECT INDICATIVE		IMPERFECT SUBJUNCTIVE	
ich	ritt	ich	ritte
du	ritt(e)st	du	rittest
er	ritt	er	ritte
wir	ritten	wir	ritten
ihr	rittet	ihr	rittet
sie	ritten	sie	ritten

FUTURE INDICATIVE		CONDITIONAL	
ich	werde reiten	ich	würde reiten
du	wirst reiten	du	würdest reiten
er	wird reiten	er	würde reiten
wir	werden reiten	wir	würden reiten
ihr	werdet reiten	ihr	würdet reiten
sie	werden reiten	sie	würden reiten

PERFECT INDICATIVE		PLUPERFECT SUBJUNCTIVE	
ich	habe **geritten**[*]	ich	hätte **geritten**[*]
du	hast **geritten**	du	hättest **geritten**
er	hat **geritten**	er	hätte **geritten**
wir	haben **geritten**	wir	hätten **geritten**
ihr	habt **geritten**	ihr	hättet **geritten**
sie	haben **geritten**	sie	hätten **geritten**

IMPERATIVE: reit(**e**)! reit**en wir**! reit**et**! reit**en Sie**!
[*]OR: **ich bin/wäre geritten** *etc* (*when intransitive*).

132

to run

PRESENT PARTICIPLE	PAST PARTICIPLE
rennen**d**	**gerannt**

PRESENT INDICATIVE	PRESENT SUBJUNCTIVE
ich renne	**ich** renne
du rennst	**du** rennest
er rennt	**er** renne
wir rennen	**wir** rennen
ihr rennt	**ihr** rennet
sie rennen	**sie** rennen

IMPERFECT INDICATIVE	IMPERFECT SUBJUNCTIVE
ich rannte	**ich** rennte
du ranntest	**du** renntest
er rannte	**er** rennte
wir rannten	**wir** rennten
ihr ranntet	**ihr** renntet
sie rannten	**sie** rennten

FUTURE INDICATIVE	CONDITIONAL
ich werde rennen	**ich** würde rennen
du wirst rennen	**du** würdest rennen
er wird rennen	**er** würde rennen
wir werden rennen	**wir** würden rennen
ihr werdet rennen	**ihr** würdet rennen
sie werden rennen	**sie** würden rennen

PERFECT INDICATIVE	PLUPERFECT SUBJUNCTIVE
ich bin **gerannt**	**ich** wäre **gerannt**
du bist **gerannt**	**du** wär(e)st **gerannt**
er ist **gerannt**	**er** wäre **gerannt**
wir sind **gerannt**	**wir** wären **gerannt**
ihr seid **gerannt**	**ihr** wär(e)t **gerannt**
sie sind **gerannt**	**sie** wären **gerannt**

IMPERATIVE: renn(**e**)! renn**en wir**! renn**t**! renn**en Sie**!

111 **riechen** [strong, *haben*]
to smell

PRESENT PARTICIPLE	PAST PARTICIPLE
riechend	gerochen

PRESENT INDICATIVE	PRESENT SUBJUNCTIVE
ich rieche	ich rieche
du riechst	du riechest
er riecht	er rieche
wir riechen	wir riechen
ihr riecht	ihr riechet
sie riechen	sie riechen

IMPERFECT INDICATIVE	IMPERFECT SUBJUNCTIVE
ich roch	ich röche
du rochst	du röchest
er roch	er röche
wir rochen	wir röchen
ihr rocht	ihr röchet
sie rochen	sie röchen

FUTURE INDICATIVE	CONDITIONAL
ich werde riechen	ich würde riechen
du wirst riechen	du würdest riechen
er wird riechen	er würde riechen
wir werden riechen	wir würden riechen
ihr werdet riechen	ihr würdet riechen
sie werden riechen	sie würden riechen

PERFECT INDICATIVE	PLUPERFECT SUBJUNCTIVE
ich habe gerochen	ich hätte gerochen
du hast gerochen	du hättest gerochen
er hat gerochen	er hätte gerochen
wir haben gerochen	wir hätten gerochen
ihr habt gerochen	ihr hättet gerochen
sie haben gerochen	sie hätten gerochen

IMPERATIVE: riech(e)! riechen wir! riecht! riechen Sie!

to struggle

PRESENT PARTICIPLE	PAST PARTICIPLE
ringen**d**	**gerungen**

PRESENT INDICATIVE	PRESENT SUBJUNCTIVE
ich ringe	ich ringe
du ringst	du ringest
er ringt	er ringe
wir ringen	wir ringen
ihr ringt	ihr ringet
sie ringen	sie ringen

IMPERFECT INDICATIVE	IMPERFECT SUBJUNCTIVE
ich **rang**	ich **ränge**
du **rangst**	du **rängest**
er **rang**	er **ränge**
wir **rangen**	wir **rängen**
ihr **rangt**	ihr **ränget**
sie **rangen**	sie **rängen**

FUTURE INDICATIVE	CONDITIONAL
ich werde ringen	ich würde ringen
du wirst ringen	du würdest ringen
er wird ringen	er würde ringen
wir werden ringen	wir würden ringen
ihr werdet ringen	ihr würdet ringen
sie werden ringen	sie würden ringen

PERFECT INDICATIVE	PLUPERFECT SUBJUNCTIVE
ich habe **gerungen**	ich hätte **gerungen**
du hast **gerungen**	du hättest **gerungen**
er hat **gerungen**	er hätte **gerungen**
wir haben **gerungen**	wir hätten **gerungen**
ihr habt **gerungen**	ihr hättet **gerungen**
sie haben **gerungen**	sie hätten **gerungen**

IMPERATIVE: ring(**e**)! ring**en wir**! ring**t**! ring**en Sie**!

113 **rinnen** [strong, *sein*]

to run, flow

PRESENT PARTICIPLE	PAST PARTICIPLE
rinnen**d**	**geronnen**

PRESENT INDICATIVE	PRESENT SUBJUNCTIVE
ich rinne	ich rinne
du rinnst	du rinnest
er rinnt	er rinne
wir rinnen	wir rinnen
ihr rinnt	ihr rinnet
sie rinnen	sie rinnen

IMPERFECT INDICATIVE	IMPERFECT SUBJUNCTIVE
ich **rann**	ich **ränne**
du **rannst**	du **rännest**
er **rann**	er **ränne**
wir **rannen**	wir **rännen**
ihr **rannt**	ihr **rännet**
sie **rannen**	sie **rännen**

FUTURE INDICATIVE	CONDITIONAL
ich werde rinnen	ich würde rinnen
du wirst rinnen	du würdest rinnen
er wird rinnen	er würde rinnen
wir werden rinnen	wir würden rinnen
ihr werdet rinnen	ihr würdet rinnen
sie werden rinnen	sie würden rinnen

PERFECT INDICATIVE	PLUPERFECT SUBJUNCTIVE
ich bin **geronnen**	ich wäre **geronnen**
du bist **geronnen**	du wär(e)st **geronnen**
er ist **geronnen**	er wäre **geronnen**
wir sind **geronnen**	wir wären **geronnen**
ihr seid **geronnen**	ihr wär(e)t **geronnen**
sie sind **geronnen**	sie wären **geronnen**

IMPERATIVE: rinn(**e**)! rinnen **wir**! rinnt! rinnen **Sie**!

to shout, call

PRESENT PARTICIPLE	PAST PARTICIPLE
rufen**d**	**gerufen**

PRESENT INDICATIVE	PRESENT SUBJUNCTIVE
ich rufe	**ich** rufe
du rufst	**du** rufest
er ruft	**er** rufe
wir rufen	**wir** rufen
ihr ruft	**ihr** rufet
sie rufen	**sie** rufen

IMPERFECT INDICATIVE	IMPERFECT SUBJUNCTIVE
ich rief	**ich** riefe
du riefst	**du** riefest
er rief	**er** riefe
wir riefen	**wir** riefen
ihr rieft	**ihr** riefet
sie riefen	**sie** riefen

FUTURE INDICATIVE	CONDITIONAL
ich werde rufen	**ich** würde rufen
du wirst rufen	**du** würdest rufen
er wird rufen	**er** würde rufen
wir werden rufen	**wir** würden rufen
ihr werdet rufen	**ihr** würdet rufen
sie werden rufen	**sie** würden rufen

PERFECT INDICATIVE	PLUPERFECT SUBJUNCTIVE
ich habe **gerufen**	**ich** hätte **gerufen**
du hast **gerufen**	**du** hättest **gerufen**
er hat **gerufen**	**er** hätte **gerufen**
wir haben **gerufen**	**wir** hätten **gerufen**
ihr habt **gerufen**	**ihr** hättet **gerufen**
sie haben **gerufen**	**sie** hätten **gerufen**

IMPERATIVE: ruf(**e**)! rufen **wir**! ruft! rufen **Sie**!

115 **saufen** [strong, *haben*]

to drink

PRESENT PARTICIPLE	PAST PARTICIPLE
saufen**d**	gesoffen

PRESENT INDICATIVE	PRESENT SUBJUNCTIVE
ich saufe	ich saufe
du säufst	du saufest
er säuft	er saufe
wir saufen	wir saufen
ihr sauft	ihr saufet
sie saufen	sie saufen

IMPERFECT INDICATIVE	IMPERFECT SUBJUNCTIVE
ich soff	ich söffe
du soffst	du söffest
er soff	er söffe
wir soffen	wir söffen
ihr sofft	ihr söffet
sie soffen	sie söffen

FUTURE INDICATIVE	CONDITIONAL
ich werde saufen	ich würde saufen
du wirst saufen	du würdest saufen
er wird saufen	er würde saufen
wir werden saufen	wir würden saufen
ihr werdet saufen	ihr würdet saufen
sie werden saufen	sie würden saufen

PERFECT INDICATIVE	PLUPERFECT SUBJUNCTIVE
ich habe gesoffen	ich hätte gesoffen
du hast gesoffen	du hättest gesoffen
er hat gesoffen	er hätte gesoffen
wir haben gesoffen	wir hätten gesoffen
ihr habt gesoffen	ihr hättet gesoffen
sie haben gesoffen	sie hätten gesoffen

IMPERATIVE: sauf(**e**)! sauf**en wir**! sauf**t**! sauf**en Sie**!

to suck

PRESENT PARTICIPLE	PAST PARTICIPLE
saugen**d**	**gesogen**

PRESENT INDICATIVE		PRESENT SUBJUNCTIVE	
ich	sauge	ich	sauge
du	saugst	du	saugest
er	saugt	er	sauge
wir	saugen	wir	saugen
ihr	saugt	ihr	sauget
sie	saugen	sie	saugen

IMPERFECT INDICATIVE		IMPERFECT SUBJUNCTIVE	
ich	sog	ich	söge
du	sogst	du	sögest
er	sog	er	söge
wir	sogen	wir	sögen
ihr	sogt	ihr	söget
sie	sogen	sie	sögen

FUTURE INDICATIVE		CONDITIONAL	
ich	werde saugen	ich	würde saugen
du	wirst saugen	du	würdest saugen
er	wird saugen	er	würde saugen
wir	werden saugen	wir	würden saugen
ihr	werdet saugen	ihr	würdet saugen
sie	werden saugen	sie	würden saugen

PERFECT INDICATIVE		PLUPERFECT SUBJUNCTIVE	
ich	habe **gesogen**	ich	hätte **gesogen**
du	hast **gesogen**	du	hättest **gesogen**
er	hat **gesogen**	er	hätte **gesogen**
wir	haben **gesogen**	wir	hätten **gesogen**
ihr	habt **gesogen**	ihr	hättet **gesogen**
sie	haben **gesogen**	sie	hätten **gesogen**

IMPERATIVE: saug(**e**)! saug**en wir**! saugt! saug**en Sie**!
*Can also be conjugated as a weak verb, see pp 5 ff.

117 schaffen* [strong, *haben*]

to create

PRESENT PARTICIPLE	PAST PARTICIPLE
schaffend	geschaffen

PRESENT INDICATIVE	PRESENT SUBJUNCTIVE
ich schaffe	ich schaffe
du schaffst	du schaffest
er schafft	er schaffe
wir schaffen	wir schaffen
ihr schafft	ihr schaffet
sie schaffen	sie schaffen

IMPERFECT INDICATIVE	IMPERFECT SUBJUNCTIVE
ich schuf	ich schüfe
du schufst	du schüfest
er schuf	er schüfe
wir schufen	wir schüfen
ihr schuft	ihr schüfet
sie schufen	sie schüfen

FUTURE INDICATIVE	CONDITIONAL
ich werde schaffen	ich würde schaffen
du wirst schaffen	du würdest schaffen
er wird schaffen	er würde schaffen
wir werden schaffen	wir würden schaffen
ihr werdet schaffen	ihr würdet schaffen
sie werden schaffen	sie würden schaffen

PERFECT INDICATIVE	PLUPERFECT SUBJUNCTIVE
ich habe geschaffen	ich hätte geschaffen
du hast geschaffen	du hättest geschaffen
er hat geschaffen	er hätte geschaffen
wir haben geschaffen	wir hätten geschaffen
ihr habt geschaffen	ihr hättet geschaffen
sie haben geschaffen	sie hätten geschaffen

IMPERATIVE: schaff(e)! schaffen wir! schafft! schaffen Sie!
*Conjugated as a weak verb when the meaning is "to manage".

to resound

PRESENT PARTICIPLE	PAST PARTICIPLE
schallend	**geschollen**

PRESENT INDICATIVE	PRESENT SUBJUNCTIVE
ich schalle	ich schalle
du schallst	du schallest
er schallt	er schalle
wir schallen	wir schallen
ihr schallt	ihr schallet
sie schallen	sie schallen

IMPERFECT INDICATIVE	IMPERFECT SUBJUNCTIVE
ich scholl	ich schölle
du schollst	du schöllest
er scholl	er schölle
wir schollen	wir schöllen
ihr schollt	ihr schöllet
sie schollen	sie schöllen

FUTURE INDICATIVE	CONDITIONAL
ich werde schallen	ich würde schallen
du wirst schallen	du würdest schallen
er wird schallen	er würde schallen
wir werden schallen	wir würden schallen
ihr werdet schallen	ihr würdet schallen
sie werden schallen	sie würden schallen

PERFECT INDICATIVE	PLUPERFECT SUBJUNCTIVE
ich habe **geschollen**	ich hätte **geschollen**
du hast **geschollen**	du hättest **geschollen**
er hat **geschollen**	er hätte **geschollen**
wir haben **geschollen**	wir hätten **geschollen**
ihr habt **geschollen**	ihr hättet **geschollen**
sie haben **geschollen**	sie hätten **geschollen**

IMPERATIVE: schall(e)! schallen wir! schallt! schallen Sie!
*This verb is normally weak: schall**te**, ge**schallt**.

119 **scheiden** [strong, *haben/sein*]

to separate/to part

PRESENT PARTICIPLE	PAST PARTICIPLE
scheiden**d**	**geschieden**

PRESENT INDICATIVE	PRESENT SUBJUNCTIVE
ich scheide	ich scheide
du scheid**est**	du scheid**est**
er scheid**et**	er scheide
wir scheid**en**	wir scheid**en**
ihr scheid**et**	ihr scheid**et**
sie scheid**en**	sie scheid**en**

IMPERFECT INDICATIVE	IMPERFECT SUBJUNCTIVE
ich schied	ich schiede
du schied(e)st	du schiedest
er schied	er schiede
wir schieden	wir schieden
ihr schiedet	ihr schiedet
sie schieden	sie schieden

FUTURE INDICATIVE	CONDITIONAL
ich werde scheiden	ich würde scheiden
du wirst scheiden	du würdest scheiden
er wird scheiden	er würde scheiden
wir werden scheiden	wir würden scheiden
ihr werdet scheiden	ihr würdet scheiden
sie werden scheiden	sie würden scheiden

PERFECT INDICATIVE	PLUPERFECT SUBJUNCTIVE
ich habe **geschieden**[*]	ich hätte **geschieden**[*]
du hast **geschieden**	du hättest **geschieden**
er hat **geschieden**	er hätte **geschieden**
wir haben **geschieden**	wir hätten **geschieden**
ihr habt **geschieden**	ihr hättet **geschieden**
sie haben **geschieden**	sie hätten **geschieden**

IMPERATIVE: scheid(**e**)! scheid**en wir**! scheid**et**! scheid**en Sie**!
OR: **ich bin/wäre geschieden** *etc when the meaning is "to part".*

to shine; to seem

PRESENT PARTICIPLE	PAST PARTICIPLE
scheine**nd**	**geschienen**

PRESENT INDICATIVE	PRESENT SUBJUNCTIVE
ich scheine	ich scheine
du schein**st**	du schein**est**
er schein**t**	er scheine
wir scheine**n**	wir scheine**n**
ihr scheint	ihr scheine**t**
sie scheine**n**	sie scheine**n**

IMPERFECT INDICATIVE	IMPERFECT SUBJUNCTIVE
ich **schien**	ich **schiene**
du **schienst**	du **schienest**
er **schien**	er **schiene**
wir **schienen**	wir **schienen**
ihr **schient**	ihr **schienet**
sie **schienen**	sie **schienen**

FUTURE INDICATIVE	CONDITIONAL
ich werde scheinen	ich würde scheinen
du wirst scheinen	du würdest scheinen
er wird scheinen	er würde scheinen
wir werden scheinen	wir würden scheinen
ihr werdet scheinen	ihr würdet scheinen
sie werden scheinen	sie würden scheinen

PERFECT INDICATIVE	PLUPERFECT SUBJUNCTIVE
ich habe **geschienen**	ich hätte **geschienen**
du hast **geschienen**	du hättest **geschienen**
er hat **geschienen**	er hätte **geschienen**
wir haben **geschienen**	wir hätten **geschienen**
ihr habt **geschienen**	ihr hättet **geschienen**
sie haben **geschienen**	sie hätten **geschienen**

IMPERATIVE: schein(**e**)! scheine**n wir**! scheint! scheine**n Sie**!

143

121 **schelten** [strong, *haben*]

to scold

PRESENT PARTICIPLE	PAST PARTICIPLE
scheltend	gescholten

PRESENT INDICATIVE		PRESENT SUBJUNCTIVE	
ich	schelte	ich	schelte
du	schiltst	du	scheltest
er	schilt	er	schelte
wir	schelten	wir	schelten
ihr	scheltet	ihr	scheltet
sie	schelten	sie	schelten

IMPERFECT INDICATIVE		IMPERFECT SUBJUNCTIVE	
ich	schalt	ich	schölte
du	schalt(e)st	du	schöltest
er	schalt	er	schölte
wir	schalten	wir	schölten
ihr	schaltet	ihr	schöltet
sie	schalten	sie	schölten

FUTURE INDICATIVE		CONDITIONAL	
ich	werde schelten	ich	würde schelten
du	wirst schelten	du	würdest schelten
er	wird schelten	er	würde schelten
wir	werden schelten	wir	würden schelten
ihr	werdet schelten	ihr	würdet schelten
sie	werden schelten	sie	würden schelten

PERFECT INDICATIVE		PLUPERFECT SUBJUNCTIVE	
ich	habe gescholten	ich	hätte gescholten
du	hast gescholten	du	hättest gescholten
er	hat gescholten	er	hätte gescholten
wir	haben gescholten	wir	hätten gescholten
ihr	habt gescholten	ihr	hättet gescholten
sie	haben gescholten	sie	hätten gescholten

IMPERATIVE: **schilt**! schelt**en** wir! schelt**et**! schelt**en Sie**!

to shear

PRESENT PARTICIPLE	PAST PARTICIPLE
scherend	**geschoren**

PRESENT INDICATIVE		PRESENT SUBJUNCTIVE	
ich	schere	**ich**	schere
du	scherst	**du**	scherest
er	schert	**er**	schere
wir	scheren	**wir**	scheren
ihr	schert	**ihr**	scheret
sie	scheren	**sie**	scheren

IMPERFECT INDICATIVE		IMPERFECT SUBJUNCTIVE	
ich	schor	**ich**	schöre
du	schorst	**du**	schörest
er	schor	**er**	schöre
wir	schoren	**wir**	schören
ihr	schort	**ihr**	schöret
sie	schoren	**sie**	schören

FUTURE INDICATIVE		CONDITIONAL	
ich	werde scheren	**ich**	würde scheren
du	wirst scheren	**du**	würdest scheren
er	wird scheren	**er**	würde scheren
wir	werden scheren	**wir**	würden scheren
ihr	werdet scheren	**ihr**	würdet scheren
sie	werden scheren	**sie**	würden scheren

PERFECT INDICATIVE		PLUPERFECT SUBJUNCTIVE	
ich	habe **geschoren**	**ich**	hätte **geschoren**
du	hast **geschoren**	**du**	hättest **geschoren**
er	hat **geschoren**	**er**	hätte **geschoren**
wir	haben **geschoren**	**wir**	hätten **geschoren**
ihr	habt **geschoren**	**ihr**	hättet **geschoren**
sie	haben **geschoren**	**sie**	hätten **geschoren**

IMPERATIVE: scher(**e**)! scher**en wir**! scher**t**! scher**en Sie**!

123 **schieben** [strong, *haben*]

to push

PRESENT PARTICIPLE	PAST PARTICIPLE
schiebend	**geschoben**

PRESENT INDICATIVE		PRESENT SUBJUNCTIVE	
ich	schiebe	ich	schiebe
du	schiebst	du	schiebest
er	schiebt	er	schiebe
wir	schieben	wir	schieben
ihr	schiebt	ihr	schiebet
sie	schieben	sie	schieben

IMPERFECT INDICATIVE		IMPERFECT SUBJUNCTIVE	
ich	schob	ich	schöbe
du	schobst	du	schöbest
er	schob	er	schöbe
wir	schoben	wir	schöben
ihr	schobt	ihr	schöbet
sie	schoben	sie	schöben

FUTURE INDICATIVE		CONDITIONAL	
ich	werde schieben	ich	würde schieben
du	wirst schieben	du	würdest schieben
er	wird schieben	er	würde schieben
wir	werden schieben	wir	würden schieben
ihr	werdet schieben	ihr	würdet schieben
sie	werden schieben	sie	würden schieben

PERFECT INDICATIVE		PLUPERFECT SUBJUNCTIVE	
ich	habe **geschoben**	ich	hätte **geschoben**
du	hast **geschoben**	du	hättest **geschoben**
er	hat **geschoben**	er	hätte **geschoben**
wir	haben **geschoben**	wir	hätten **geschoben**
ihr	habt **geschoben**	ihr	hättet **geschoben**
sie	haben **geschoben**	sie	hätten **geschoben**

IMPERATIVE: schieb(**e**)! schie**b**en **wir**! schie**b**t! schie**b**en **Sie**!

to shoot

PRESENT PARTICIPLE	PAST PARTICIPLE
schießend	**geschossen**

PRESENT INDICATIVE	PRESENT SUBJUNCTIVE
ich schieße	**ich** schieße
du schießt	**du** schieß**est**
er schießt	**er** schieße
wir schießen	**wir** schießen
ihr schießt	**ihr** schieß**et**
sie schießen	**sie** schießen

IMPERFECT INDICATIVE	IMPERFECT SUBJUNCTIVE
ich schoß	**ich** schösse
du schossest	**du** schössest
er schoß	**er** schösse
wir schossen	**wir** schössen
ihr schoßt	**ihr** schösset
sie schossen	**sie** schössen

FUTURE INDICATIVE	CONDITIONAL
ich werde schießen	**ich** würde schießen
du wirst schießen	**du** würdest schießen
er wird schießen	**er** würde schießen
wir werden schießen	**wir** würden schießen
ihr werdet schießen	**ihr** würdet schießen
sie werden schießen	**sie** würden schießen

PERFECT INDICATIVE	PLUPERFECT SUBJUNCTIVE
ich habe **geschossen**	**ich** hätte **geschossen**
du hast **geschossen**	**du** hättest **geschossen**
er hat **geschossen**	**er** hätte **geschossen**
wir haben **geschossen**	**wir** hätten **geschossen**
ihr habt **geschossen**	**ihr** hättet **geschossen**
sie haben **geschossen**	**sie** hätten **geschossen**

IMPERATIVE: schieß(**e**)! schieß**en wir**! schießt! schieß**en Sie**!

125 schlafen [strong, *haben*]

to sleep

PRESENT PARTICIPLE	PAST PARTICIPLE
schlafend	**geschlafen**

PRESENT INDICATIVE		PRESENT SUBJUNCTIVE	
ich	schlafe	ich	schlafe
du	**schläfst**	du	schlafest
er	**schläft**	er	schlafe
wir	schlafen	wir	schlafen
ihr	schlaft	ihr	schlafet
sie	schlafen	sie	schlafen

IMPERFECT INDICATIVE		IMPERFECT SUBJUNCTIVE	
ich	**schlief**	ich	**schliefe**
du	**schliefst**	du	**schliefest**
er	**schlief**	er	**schliefe**
wir	**schliefen**	wir	**schliefen**
ihr	**schlieft**	ihr	**schliefet**
sie	**schliefen**	sie	**schliefen**

FUTURE INDICATIVE		CONDITIONAL	
ich	werde schlafen	ich	würde schlafen
du	wirst schlafen	du	würdest schlafen
er	wird schlafen	er	würde schlafen
wir	werden schlafen	wir	würden schlafen
ihr	werdet schlafen	ihr	würdet schlafen
sie	werden schlafen	sie	würden schlafen

PERFECT INDICATIVE		PLUPERFECT SUBJUNCTIVE	
ich	habe **geschlafen**	ich	hätte **geschlafen**
du	hast **geschlafen**	du	hättest **geschlafen**
er	hat **geschlafen**	er	hätte **geschlafen**
wir	haben **geschlafen**	wir	hätten **geschlafen**
ihr	habt **geschlafen**	ihr	hättet **geschlafen**
sie	haben **geschlafen**	sie	hätten **geschlafen**

IMPERATIVE: schlaf(**e**)! schlaf**en wir**! schlaft! schlaf**en Sie**!

to hit

PRESENT PARTICIPLE	PAST PARTICIPLE
schlagen**d**	**geschlagen**

PRESENT INDICATIVE	PRESENT SUBJUNCTIVE
ich schlage	ich schlage
du schläg**st**	du schlag**est**
er schläg**t**	er schlage
wir schlagen	wir schlagen
ihr schlag**t**	ihr schlag**et**
sie schlagen	sie schlagen

IMPERFECT INDICATIVE	IMPERFECT SUBJUNCTIVE
ich schlug	ich schlüge
du schlugst	du schlügest
er schlug	er schlüge
wir schlugen	wir schlügen
ihr schlugt	ihr schlüget
sie schlugen	sie schlügen

FUTURE INDICATIVE	CONDITIONAL
ich werde schlagen	ich würde schlagen
du wirst schlagen	du würdest schlagen
er wird schlagen	er würde schlagen
wir werden schlagen	wir würden schlagen
ihr werdet schlagen	ihr würdet schlagen
sie werden schlagen	sie würden schlagen

PERFECT INDICATIVE	PLUPERFECT SUBJUNCTIVE
ich habe **geschlagen**	ich hätte **geschlagen**
du hast **geschlagen**	du hättest **geschlagen**
er hat **geschlagen**	er hätte **geschlagen**
wir haben **geschlagen**	wir hätten **geschlagen**
ihr habt **geschlagen**	ihr hättet **geschlagen**
sie haben **geschlagen**	sie hätten **geschlagen**

IMPERATIVE: schlag(**e**)! schlag**en wir**! schlag**t**! schlag**en Sie**!

127 **schleichen** [strong, *sein*]

to creep

PRESENT PARTICIPLE	PAST PARTICIPLE
schleichen**d**	**geschlichen**

PRESENT INDICATIVE		PRESENT SUBJUNCTIVE	
ich	schleiche	ich	schleiche
du	schleich**st**	du	schleich**est**
er	schleich**t**	er	schleiche
wir	schleich**en**	wir	schleich**en**
ihr	schleich**t**	ihr	schleich**et**
sie	schleich**en**	sie	schleich**en**

IMPERFECT INDICATIVE		IMPERFECT SUBJUNCTIVE	
ich	schlich	ich	schliche
du	schlichst	du	schlichest
er	schlich	er	schliche
wir	schlichen	wir	schlichen
ihr	schlicht	ihr	schlichet
sie	schlichen	sie	schlichen

FUTURE INDICATIVE		CONDITIONAL	
ich	werde schleichen	ich	würde schleichen
du	wirst schleichen	du	würdest schleichen
er	wird schleichen	er	würde schleichen
wir	werden schleichen	wir	würden schleichen
ihr	werdet schleichen	ihr	würdet schleichen
sie	werden schleichen	sie	würden schleichen

PERFECT INDICATIVE		PLUPERFECT SUBJUNCTIVE	
ich	bin **geschlichen**	ich	wäre **geschlichen**
du	bist **geschlichen**	du	wär(e)st **geschlichen**
er	ist **geschlichen**	er	wäre **geschlichen**
wir	sind **geschlichen**	wir	wären **geschlichen**
ihr	seid **geschlichen**	ihr	wär(e)t **geschlichen**
sie	sind **geschlichen**	sie	wären **geschlichen**

IMPERATIVE: schleich(**e**)! schleich**en wir**! schleich**t**! schleich**en Sie**!

to drag

PRESENT PARTICIPLE	PAST PARTICIPLE
schleife**nd**	**geschliffen**

PRESENT INDICATIVE	PRESENT SUBJUNCTIVE
ich schleife	ich schleife
du schleif**st**	du schleif**est**
er schleif**t**	er schleife
wir schleife**n**	wir schleife**n**
ihr schleif**t**	ihr schleif**t**
sie schleife**n**	sie schleife**n**

IMPERFECT INDICATIVE	IMPERFECT SUBJUNCTIVE
ich **schliff**	ich **schliffe**
du **schliffst**	du **schliffest**
er **schliff**	er **schliffe**
wir **schliffen**	wir **schliffen**
ihr **schlifft**	ihr **schliffet**
sie **schliffen**	sie **schliffen**

FUTURE INDICATIVE	CONDITIONAL
ich werde schleifen	ich würde schleifen
du wirst schleifen	du würdest schleifen
er wird schleifen	er würde schleifen
wir werden schleifen	wir würden schleifen
ihr werdet schleifen	ihr würdet schleifen
sie werden schleifen	sie würden schleifen

PERFECT INDICATIVE	PLUPERFECT SUBJUNCTIVE
ich habe **geschliffen**	ich hätte **geschliffen**
du hast **geschliffen**	du hättest **geschliffen**
er hat **geschliffen**	er hätte **geschliffen**
wir haben **geschliffen**	wir hätten **geschliffen**
ihr habt **geschliffen**	ihr hättet **geschliffen**
sie haben **geschliffen**	sie hätten **geschliffen**

IMPERATIVE: schleif(**e**)! schleife**n wir**! schleif**t**! schleife**n Sie**!

129 **schließen** [strong, *haben*]

to close

PRESENT PARTICIPLE	PAST PARTICIPLE
schließen**d**	**geschlossen**

PRESENT INDICATIVE	PRESENT SUBJUNCTIVE
ich schließe	ich schließe
du schließt	du schließ**est**
er schließt	er schließe
wir schließen	wir schließen
ihr schließt	ihr schließ**et**
sie schließen	sie schließen

IMPERFECT INDICATIVE	IMPERFECT SUBJUNCTIVE
ich schloß	ich schlösse
du schlossest	du schlössest
er schloß	er schlösse
wir schlossen	wir schlössen
ihr schloßt	ihr schlösset
sie schlossen	sie schlössen

FUTURE INDICATIVE	CONDITIONAL
ich werde schließen	ich würde schließen
du wirst schließen	du würdest schließen
er wird schließen	er würde schließen
wir werden schließen	wir würden schließen
ihr werdet schließen	ihr würdet schließen
sie werden schließen	sie würden schließen

PERFECT INDICATIVE	PLUPERFECT SUBJUNCTIVE
ich habe **geschlossen**	ich hätte **geschlossen**
du hast **geschlossen**	du hättest **geschlossen**
er hat **geschlossen**	er hätte **geschlossen**
wir haben **geschlossen**	wir hätten **geschlossen**
ihr habt **geschlossen**	ihr hättet **geschlossen**
sie haben **geschlossen**	sie hätten **geschlossen**

IMPERATIVE: schließ(**e**)! schließ**en wir**! schließt! schließ**en Sie**!

to wind

PRESENT PARTICIPLE	PAST PARTICIPLE
schlingen**d**	**geschlungen**

PRESENT INDICATIVE		PRESENT SUBJUNCTIVE	
ich	schlinge	ich	schlinge
du	schlingst	du	schlingest
er	schlingt	er	schlinge
wir	schlingen	wir	schlingen
ihr	schlingt	ihr	schlinget
sie	schlingen	sie	schlingen

IMPERFECT INDICATIVE		IMPERFECT SUBJUNCTIVE	
ich	**schlang**	ich	**schlänge**
du	**schlangst**	du	**schlängest**
er	**schlang**	er	**schlänge**
wir	**schlangen**	wir	**schlängen**
ihr	**schlangt**	ihr	**schlänget**
sie	**schlangen**	sie	**schlängen**

FUTURE INDICATIVE		CONDITIONAL	
ich	werde schlingen	ich	würde schlingen
du	wirst schlingen	du	würdest schlingen
er	wird schlingen	er	würde schlingen
wir	werden schlingen	wir	würden schlingen
ihr	werdet schlingen	ihr	würdet schlingen
sie	werden schlingen	sie	würden schlingen

PERFECT INDICATIVE		PLUPERFECT SUBJUNCTIVE	
ich	habe **geschlungen**	ich	hätte **geschlungen**
du	hast **geschlungen**	du	hättest **geschlungen**
er	hat **geschlungen**	er	hätte **geschlungen**
wir	haben **geschlungen**	wir	hätten **geschlungen**
ihr	habt **geschlungen**	ihr	hättet **geschlungen**
sie	haben **geschlungen**	sie	hätten **geschlungen**

IMPERATIVE: schling(**e**)! schlingen **wir**! schlingt! schlingen **Sie**!

131 **schmeißen** [strong, *haben*]

to fling

PRESENT PARTICIPLE	PAST PARTICIPLE
schmeiß**end**	**geschmissen**

PRESENT INDICATIVE	PRESENT SUBJUNCTIVE
ich schmeiß**e**	ich schmeiß**e**
du schmeiß**t**	du schmeiß**est**
er schmeiß**t**	er schmeiß**e**
wir schmeiß**en**	wir schmeiß**en**
ihr schmeiß**t**	ihr schmeiß**et**
sie schmeiß**en**	sie schmeiß**en**

IMPERFECT INDICATIVE	IMPERFECT SUBJUNCTIVE
ich schmiß	ich schmisse
du schmissest	du schmissest
er schmiß	er schmisse
wir schmissen	wir schmissen
ihr schmißt	ihr schmisset
sie schmissen	sie schmissen

FUTURE INDICATIVE	CONDITIONAL
ich werde schmeißen	ich würde schmeißen
du wirst schmeißen	du würdest schmeißen
er wird schmeißen	er würde schmeißen
wir werden schmeißen	wir würden schmeißen
ihr werdet schmeißen	ihr würdet schmeißen
sie werden schmeißen	sie würden schmeißen

PERFECT INDICATIVE	PLUPERFECT SUBJUNCTIVE
ich habe **geschmissen**	ich hätte **geschmissen**
du hast **geschmissen**	du hättest **geschmissen**
er hat **geschmissen**	er hätte **geschmissen**
wir haben **geschmissen**	wir hätten **geschmissen**
ihr habt **geschmissen**	ihr hättet **geschmissen**
sie haben **geschmissen**	sie hätten **geschmissen**

IMPERATIVE: schmeiß(**e**)! schmeiß**en wir**! schmeißt! schmeiß**en Sie**!

to melt (*transitive/intransitive*)

PRESENT PARTICIPLE	PAST PARTICIPLE
schmelz**end**	**geschmolzen**

PRESENT INDICATIVE	PRESENT SUBJUNCTIVE
ich schmelz**e**	ich schmelz**e**
du schmil**zt**	du schmelz**est**
er schmil**zt**	er schmelz**e**
wir schmelz**en**	wir schmelz**en**
ihr schmelz**t**	ihr schmelz**et**
sie schmelz**en**	sie schmelz**en**

IMPERFECT INDICATIVE	IMPERFECT SUBJUNCTIVE
ich schmol**z**	ich schmölz**e**
du schmolz**est**	du schmölz**est**
er schmol**z**	er schmölz**e**
wir schmolz**en**	wir schmölz**en**
ihr schmolz**t**	ihr schmölz**et**
sie schmolz**en**	sie schmölz**en**

FUTURE INDICATIVE	CONDITIONAL
ich werde schmelzen	ich würde schmelzen
du wirst schmelzen	du würdest schmelzen
er wird schmelzen	er würde schmelzen
wir werden schmelzen	wir würden schmelzen
ihr werdet schmelzen	ihr würdet schmelzen
sie werden schmelzen	sie würden schmelzen

PERFECT INDICATIVE	PLUPERFECT SUBJUNCTIVE
ich habe **geschmolzen**	ich hätte **geschmolzen**
du hast **geschmolzen**	du hättest **geschmolzen**
er hat **geschmolzen**	er hätte **geschmolzen**
wir haben **geschmolzen**	wir hätten **geschmolzen**
ihr habt **geschmolzen**	ihr hättet **geschmolzen**
sie haben **geschmolzen**	sie hätten **geschmolzen**

IMPERATIVE: **schmilz!** schmelz**en** wir! schmelz**t!** schmelz**en** Sie!

133 **schneiden** [strong, *haben*]

to cut

PRESENT PARTICIPLE	PAST PARTICIPLE
schneidend	**geschnitten**

PRESENT INDICATIVE		PRESENT SUBJUNCTIVE	
ich	schneide	ich	schneide
du	schneidest	du	schneidest
er	schneidet	er	schneide
wir	schneiden	wir	schneiden
ihr	schneidet	ihr	schneidet
sie	schneiden	sie	schneiden

IMPERFECT INDICATIVE		IMPERFECT SUBJUNCTIVE	
ich	schnitt	ich	schnitte
du	schnittst	du	schnittest
er	schnitt	er	schnitte
wir	schnitten	wir	schnitten
ihr	schnittet	ihr	schnittet
sie	schnitten	sie	schnitten

FUTURE INDICATIVE		CONDITIONAL	
ich	werde schneiden	ich	würde schneiden
du	wirst schneiden	du	würdest schneiden
er	wird schneiden	er	würde schneiden
wir	werden schneiden	wir	würden schneiden
ihr	werdet schneiden	ihr	würdet schneiden
sie	werden schneiden	sie	würden schneiden

PERFECT INDICATIVE		PLUPERFECT SUBJUNCTIVE	
ich	habe **geschnitten**	ich	hätte **geschnitten**
du	hast **geschnitten**	du	hättest **geschnitten**
er	hat **geschnitten**	er	hätte **geschnitten**
wir	haben **geschnitten**	wir	hätten **geschnitten**
ihr	habt **geschnitten**	ihr	hättet **geschnitten**
sie	haben **geschnitten**	sie	hätten **geschnitten**

IMPERATIVE: schneid(e)! schneiden wir! schneidet! schneiden Sie!

to write

PRESENT PARTICIPLE	PAST PARTICIPLE
schreibe**nd**	**geschrieben**

PRESENT INDICATIVE		PRESENT SUBJUNCTIVE	
ich	schreibe	**ich**	schreibe
du	schreib**st**	**du**	schreib**est**
er	schreib**t**	**er**	schreib**e**
wir	schreib**en**	**wir**	schreib**en**
ihr	schreib**t**	**ihr**	schreib**et**
sie	schreib**en**	**sie**	schreib**en**

IMPERFECT INDICATIVE		IMPERFECT SUBJUNCTIVE	
ich	schrieb	**ich**	schriebe
du	schriebst	**du**	schriebest
er	schrieb	**er**	schriebe
wir	schrieben	**wir**	schrieben
ihr	schriebt	**ihr**	schriebet
sie	schrieben	**sie**	schrieben

FUTURE INDICATIVE		CONDITIONAL	
ich	werde schreiben	**ich**	würde schreiben
du	wirst schreiben	**du**	würdest schreiben
er	wird schreiben	**er**	würde schreiben
wir	werden schreiben	**wir**	würden schreiben
ihr	werdet schreiben	**ihr**	würdet schreiben
sie	werden schreiben	**sie**	würden schreiben

PERFECT INDICATIVE		PLUPERFECT SUBJUNCTIVE	
ich	habe **geschrieben**	**ich**	hätte **geschrieben**
du	hast **geschrieben**	**du**	hättest **geschrieben**
er	hat **geschrieben**	**er**	hätte **geschrieben**
wir	haben **geschrieben**	**wir**	hätten **geschrieben**
ihr	habt **geschrieben**	**ihr**	hättet **geschrieben**
sie	haben **geschrieben**	**sie**	hätten **geschrieben**

IMPERATIVE: schreib(**e**)! schreib**en wir**! schreib**t**! schreib**en Sie**!

135 **schreien** [strong, *haben*]

to shout

PRESENT PARTICIPLE	PAST PARTICIPLE
schrei**end**	**geschrie(e)n**

PRESENT INDICATIVE		PRESENT SUBJUNCTIVE	
ich	schreie	ich	schreie
du	schreist	du	schreiest
er	schreit	er	schreie
wir	schrei**en**	wir	schrei**en**
ihr	schreit	ihr	schreiet
sie	schrei**en**	sie	schrei**en**

IMPERFECT INDICATIVE		IMPERFECT SUBJUNCTIVE	
ich	**schrie**	ich	**schriee**
du	**schriest**	du	**schrieest**
er	**schrie**	er	**schriee**
wir	**schrieen**	wir	**schrieen**
ihr	**schriet**	ihr	**schrieet**
sie	**schrieen**	sie	**schrieen**

FUTURE INDICATIVE		CONDITIONAL	
ich	werde schreien	ich	würde schreien
du	wirst schreien	du	würdest schreien
er	wird schreien	er	würde schreien
wir	werden schreien	wir	würden schreien
ihr	werdet schreien	ihr	würdet schreien
sie	werden schreien	sie	würden schreien

PERFECT INDICATIVE		PLUPERFECT SUBJUNCTIVE	
ich	habe **geschrie(e)n**	ich	hätte **geschrie(e)n**
du	hast **geschrie(e)n**	du	hättest **geschrie(e)n**
er	hat **geschrie(e)n**	er	hätte **geschrie(e)n**
wir	haben **geschrie(e)n**	wir	hätten **geschrie(e)n**
ihr	habt **geschrie(e)n**	ihr	hättet **geschrie(e)n**
sie	haben **geschrie(e)n**	sie	hätten **geschrie(e)n**

IMPERATIVE: schrei(e)! schrei**en wir**! schreit! schrei**en Sie**!

to stride

PRESENT PARTICIPLE	PAST PARTICIPLE
schreiten**d**	**geschritten**

PRESENT INDICATIVE	PRESENT SUBJUNCTIVE
ich schreite	ich schreite
du schreitest	du schreitest
er schreitet	er schreite
wir schreiten	wir schreiten
ihr schreitet	ihr schreitet
sie schreiten	sie schreiten

IMPERFECT INDICATIVE	IMPERFECT SUBJUNCTIVE
ich **schritt**	ich **schritte**
du **schritt(e)st**	du **schrittest**
er **schritt**	er **schritte**
wir **schritten**	wir **schritten**
ihr **schrittet**	ihr **schrittet**
sie **schritten**	sie **schritten**

FUTURE INDICATIVE	CONDITIONAL
ich werde schreiten	ich würde schreiten
du wirst schreiten	du würdest schreiten
er wird schreiten	er würde schreiten
wir werden schreiten	wir würden schreiten
ihr werdet schreiten	ihr würdet schreiten
sie werden schreiten	sie würden schreiten

PERFECT INDICATIVE	PLUPERFECT SUBJUNCTIVE
ich bin **geschritten**	ich wäre **geschritten**
du bist **geschritten**	du wär(e)st **geschritten**
er ist **geschritten**	er wäre **geschritten**
wir sind **geschritten**	wir wären **geschritten**
ihr seid **geschritten**	ihr wär(e)t **geschritten**
sie sind **geschritten**	sie wären **geschritten**

IMPERATIVE: schreit(e)! schreiten **wir**! schreitet! schreiten **Sie**!

137 **schweigen** [strong, *haben*]

to be silent

PRESENT PARTICIPLE	PAST PARTICIPLE
schweigen**d**	**geschwiegen**

PRESENT INDICATIVE	PRESENT SUBJUNCTIVE
ich schweige	ich schweige
du schweig**st**	du schweig**est**
er schweig**t**	er schweige
wir schweig**en**	wir schweig**en**
ihr schweig**t**	ihr schweig**et**
sie schweig**en**	sie schweig**en**

IMPERFECT INDICATIVE	IMPERFECT SUBJUNCTIVE
ich **schwieg**	ich **schwiege**
du **schwiegst**	du **schwiegest**
er **schwieg**	er **schwiege**
wir **schwiegen**	wir **schwiegen**
ihr **schwiegt**	ihr **schwieget**
sie **schwiegen**	sie **schwiegen**

FUTURE INDICATIVE	CONDITIONAL
ich werde schweigen	ich würde schweigen
du wirst schweigen	du würdest schweigen
er wird schweigen	er würde schweigen
wir werden schweigen	wir würden schweigen
ihr werdet schweigen	ihr würdet schweigen
sie werden schweigen	sie würden schweigen

PERFECT INDICATIVE	PLUPERFECT SUBJUNCTIVE
ich \ habe **geschwiegen**	ich hätte **geschwiegen**
du hast **geschwiegen**	du hättest **geschwiegen**
er hat **geschwiegen**	er hätte **geschwiegen**
wir haben **geschwiegen**	wir hätten **geschwiegen**
ihr habt **geschwiegen**	ihr hättet **geschwiegen**
sie haben **geschwiegen**	sie hätten **geschwiegen**

IMPERATIVE: schweig(**e**)! schweig**en wir**! schweig**t**! schweig**en Sie**!

to swell

PRESENT PARTICIPLE	PAST PARTICIPLE
schwellen**d**	**geschwollen**

PRESENT INDICATIVE		PRESENT SUBJUNCTIVE	
ich	schwelle	**ich**	schwelle
du	schwillst	**du**	schwellest
er	schwillt	**er**	schwelle
wir	schwellen	**wir**	schwellen
ihr	schwellt	**ihr**	schwellet
sie	schwellen	**sie**	schwellen

IMPERFECT INDICATIVE		IMPERFECT SUBJUNCTIVE	
ich	schwoll	**ich**	schwölle
du	schwollst	**du**	schwöllest
er	schwoll	**er**	schwölle
wir	schwollen	**wir**	schwöllen
ihr	schwollt	**ihr**	schwöllet
sie	schwollen	**sie**	schwöllen

FUTURE INDICATIVE		CONDITIONAL	
ich	werde schwellen	**ich**	würde schwellen
du	wirst schwellen	**du**	würdest schwellen
er	wird schwellen	**er**	würde schwellen
wir	werden schwellen	**wir**	würden schwellen
ihr	werdet schwellen	**ihr**	würdet schwellen
sie	werden schwellen	**sie**	würden schwellen

PERFECT INDICATIVE		PLUPERFECT SUBJUNCTIVE	
ich	bin **geschwollen**	**ich**	wäre **geschwollen**
du	bist **geschwollen**	**du**	wär(e)st **geschwollen**
er	ist **geschwollen**	**er**	wäre **geschwollen**
wir	sind **geschwollen**	**wir**	wären **geschwollen**
ihr	seid **geschwollen**	**ihr**	wär(e)t **geschwollen**
sie	sind **geschwollen**	**sie**	wären **geschwollen**

IMPERATIVE: **schwill**! schwell**en wir**! schwellt! schwell**en Sie**!

139 **schwimmen** [strong, *sein*]

to swim

PRESENT PARTICIPLE	PAST PARTICIPLE
schwimmen**d**	**geschwommen**

PRESENT INDICATIVE		PRESENT SUBJUNCTIVE	
ich	schwimme	ich	schwimme
du	schwimm**st**	du	schwimm**est**
er	schwimm**t**	er	schwimme
wir	schwimmen	wir	schwimmen
ihr	schwimm**t**	ihr	schwimm**et**
sie	schwimmen	sie	schwimmen

IMPERFECT INDICATIVE		IMPERFECT SUBJUNCTIVE	
ich	**schwamm**	ich	**schwömme**
du	**schwammst**	du	**schwömmest**
er	**schwamm**	er	**schwömme**
wir	**schwammen**	wir	**schwömmen**
ihr	**schwammt**	ihr	**schwömmet**
sie	**schwammen**	sie	**schwömmen**

FUTURE INDICATIVE		CONDITIONAL	
ich	werde schwimmen	ich	würde schwimmen
du	wirst schwimmen	du	würdest schwimmen
er	wird schwimmen	er	würde schwimmen
wir	werden schwimmen	wir	würden schwimmen
ihr	werdet schwimmen	ihr	würdet schwimmen
sie	werden schwimmen	sie	würden schwimmen

PERFECT INDICATIVE		PLUPERFECT SUBJUNCTIVE	
ich	bin **geschwommen**	ich	wäre **geschwommen**
du	bist **geschwommen**	du	wär(e)st **geschwommen**
er	ist **geschwommen**	er	wäre **geschwommen**
wir	sind **geschwommen**	wir	wären **geschwommen**
ihr	seid **geschwommen**	ihr	wär(e)t **geschwommen**
sie	sind **geschwommen**	sie	wären **geschwommen**

IMPERATIVE: schwimm(**e**)! schwimmen **wir**! schwimm**t**! schwimme**n Sie**!

to swing

PRESENT PARTICIPLE	PAST PARTICIPLE
schwingen**d**	**geschwungen**

PRESENT INDICATIVE	PRESENT SUBJUNCTIVE
ich schwinge	ich schwinge
du schwing**st**	du schwing**est**
er schwing**t**	er schwinge
wir schwinge**n**	wir schwinge**n**
ihr schwing**t**	ihr schwing**et**
sie schwinge**n**	sie schwinge**n**

IMPERFECT INDICATIVE	IMPERFECT SUBJUNCTIVE
ich **schwang**	ich **schwänge**
du **schwangst**	du **schwängest**
er **schwang**	er **schwänge**
wir **schwangen**	wir **schwängen**
ihr **schwangt**	ihr **schwänget**
sie **schwangen**	sie **schwängen**

FUTURE INDICATIVE	CONDITIONAL
ich werde schwingen	ich würde schwingen
du wirst schwingen	du würdest schwingen
er wird schwingen	er würde schwingen
wir werden schwingen	wir würden schwingen
ihr werdet schwingen	ihr würdet schwingen
sie werden schwingen	sie würden schwingen

PERFECT INDICATIVE	PLUPERFECT SUBJUNCTIVE
ich habe **geschwungen**	ich hätte **geschwungen**
du hast **geschwungen**	du hättest **geschwungen**
er hat **geschwungen**	er hätte **geschwungen**
wir haben **geschwungen**	wir hätten **geschwungen**
ihr habt **geschwungen**	ihr hättet **geschwungen**
sie haben **geschwungen**	sie hätten **geschwungen**

IMPERATIVE: schwing(**e**)! schwing**en wir**! schwing**t**! schwing**en Sie**!

141 **schwören** [strong, *haben*]

to vow

PRESENT PARTICIPLE	PAST PARTICIPLE
schwörend	**geschworen**

PRESENT INDICATIVE	PRESENT SUBJUNCTIVE
ich schwöre	ich schwöre
du schwörst	du schwörest
er schwört	er schwöre
wir schwören	wir schwören
ihr schwört	ihr schwöret
sie schwören	sie schwören

IMPERFECT INDICATIVE	IMPERFECT SUBJUNCTIVE
ich **schwor**	ich **schwüre**
du **schworst**	du **schwürest**
er **schwor**	er **schwüre**
wir **schworen**	wir **schwüren**
ihr **schwort**	ihr **schwüret**
sie **schworen**	sie **schwüren**

FUTURE INDICATIVE	CONDITIONAL
ich werde schwören	ich würde schwören
du wirst schwören	du würdest schwören
er wird schwören	er würde schwören
wir werden schwören	wir würden schwören
ihr werdet schwören	ihr würdet schwören
sie werden schwören	sie würden schwören

PERFECT INDICATIVE	PLUPERFECT SUBJUNCTIVE
ich habe **geschworen**	ich hätte **geschworen**
du hast **geschworen**	du hättest **geschworen**
er hat **geschworen**	er hätte **geschworen**
wir haben **geschworen**	wir hätten **geschworen**
ihr habt **geschworen**	ihr hättet **geschworen**
sie haben **geschworen**	sie hätten **geschworen**

IMPERATIVE: schwör(**e**)! schwören **wir**! schwört! schwören **Sie**!

to see

PRESENT PARTICIPLE	PAST PARTICIPLE
sehen**d**	**gesehen**

PRESENT INDICATIVE	PRESENT SUBJUNCTIVE
ich sehe	ich sehe
du siehst	du sehest
er sieht	er sehe
wir sehen	wir sehen
ihr seht	ihr sehet
sie sehen	sie sehen

IMPERFECT INDICATIVE	IMPERFECT SUBJUNCTIVE
ich sah	ich sähe
du sahst	du sähest
er sah	er sähe
wir sahen	wir sähen
ihr saht	ihr sähet
sie sahen	sie sähen

FUTURE INDICATIVE	CONDITIONAL
ich werde sehen	ich würde sehen
du wirst sehen	du würdest sehen
er wird sehen	er würde sehen
wir werden sehen	wir würden sehen
ihr werdet sehen	ihr würdet sehen
sie werden sehen	sie würden sehen

PERFECT INDICATIVE	PLUPERFECT SUBJUNCTIVE
ich habe **gesehen**	ich hätte **gesehen**
du hast **gesehen**	du hättest **gesehen**
er hat **gesehen**	er hätte **gesehen**
wir haben **gesehen**	wir hätten **gesehen**
ihr habt **gesehen**	ihr hättet **gesehen**
sie haben **gesehen**	sie hätten **gesehen**

IMPERATIVE: sieh(e)! sehen wir! seht! sehen Sie!

143 **sein** [strong, *sein*]

to be

PRESENT PARTICIPLE	PAST PARTICIPLE
seiend	**gewesen**

PRESENT INDICATIVE	PRESENT SUBJUNCTIVE
ich **bin**	ich **sei**
du **bist**	du **sei(e)st**
er **ist**	er **sei**
wir **sind**	wir **seien**
ihr **seid**	ihr **seiet**
sie **sind**	sie **seien**

IMPERFECT INDICATIVE	IMPERFECT SUBJUNCTIVE
ich **war**	ich **wäre**
du **warst**	du **wär(e)st**
er **war**	er **wäre**
wir **waren**	wir **wären**
ihr **wart**	ihr **wär(e)t**
sie **waren**	sie **wären**

FUTURE INDICATIVE	CONDITIONAL
ich werde sein	ich würde sein
du wirst sein	du würdest sein
er wird sein	er würde sein
wir werden sein	wir würden sein
ihr werdet sein	ihr würdet sein
sie werden sein	sie würden sein

PERFECT INDICATIVE	PLUPERFECT SUBJUNCTIVE
ich **bin gewesen**	ich **wäre gewesen**
du **bist gewesen**	du **wär(e)st gewesen**
er **ist gewesen**	er **wäre gewesen**
wir **sind gewesen**	wir **wären gewesen**
ihr **seid gewesen**	ihr **wär(e)t gewesen**
sie **sind gewesen**	sie **wären gewesen**

IMPERATIVE: **sei!** seien wir! **seid!** seien Sie!

to send

PRESENT PARTICIPLE	PAST PARTICIPLE
senden**d**	**gesandt**

PRESENT INDICATIVE		PRESENT SUBJUNCTIVE	
ich	sende	ich	sende
du	sendest	du	sendest
er	sendet	er	sende
wir	senden	wir	senden
ihr	sendet	ihr	sendet
sie	senden	sie	senden

IMPERFECT INDICATIVE		IMPERFECT SUBJUNCTIVE	
ich	sandte	ich	send**ete**
du	sandtest	du	send**etest**
er	sandte	er	send**ete**
wir	sandten	wir	send**eten**
ihr	sandtet	ihr	send**etet**
sie	sandten	sie	send**eten**

FUTURE INDICATIVE		CONDITIONAL	
ich	werde senden	ich	würde senden
du	wirst senden	du	würdest senden
er	wird senden	er	würde senden
wir	werden senden	wir	würden senden
ihr	werdet senden	ihr	würdet senden
sie	werden senden	sie	würden senden

PERFECT INDICATIVE		PLUPERFECT SUBJUNCTIVE	
ich	habe **gesandt**	ich	hätte **gesandt**
du	hast **gesandt**	du	hättest **gesandt**
er	hat **gesandt**	er	hätte **gesandt**
wir	haben **gesandt**	wir	hätten **gesandt**
ihr	habt **gesandt**	ihr	hättet **gesandt**
sie	haben **gesandt**	sie	hätten **gesandt**

IMPERATIVE: send(**e**)! send**en wir**! send**et**! send**en Sie**!
*Conjugated as a weak verb when the meaning is "to broadcast".

145 **singen** [strong, *haben*]

to sing

PRESENT PARTICIPLE	PAST PARTICIPLE
singend	gesungen

PRESENT INDICATIVE		PRESENT SUBJUNCTIVE	
ich	singe	ich	singe
du	singst	du	singest
er	singt	er	singe
wir	singen	wir	singen
ihr	singt	ihr	singet
sie	singen	sie	singen

IMPERFECT INDICATIVE		IMPERFECT SUBJUNCTIVE	
ich	sang	ich	sänge
du	sangst	du	sängest
er	sang	er	sänge
wir	sangen	wir	sängen
ihr	sangt	ihr	sänget
sie	sangen	sie	sängen

FUTURE INDICATIVE		CONDITIONAL	
ich	werde singen	ich	würde singen
du	wirst singen	du	würdest singen
er	wird singen	er	würde singen
wir	werden singen	wir	würden singen
ihr	werdet singen	ihr	würdet singen
sie	werden singen	sie	würden singen

PERFECT INDICATIVE		PLUPERFECT SUBJUNCTIVE	
ich	habe gesungen	ich	hätte gesungen
du	hast gesungen	du	hättest gesungen
er	hat gesungen	er	hätte gesungen
wir	haben gesungen	wir	hätten gesungen
ihr	habt gesungen	ihr	hättet gesungen
sie	haben gesungen	sie	hätten gesungen

IMPERATIVE: sing(**e**)! sing**en wir**! singt! singen **Sie**!

to sink

PRESENT PARTICIPLE	PAST PARTICIPLE
sinkend	**gesunken**

PRESENT INDICATIVE	PRESENT SUBJUNCTIVE
ich sinke	ich sinke
du sinkst	du sinkest
er sinkt	er sinke
wir sinken	wir sinken
ihr sinkt	ihr sinket
sie sinken	sie sinken

IMPERFECT INDICATIVE	IMPERFECT SUBJUNCTIVE
ich sank	ich sänke
du sankst	du sänkest
er sank	er sänke
wir sanken	wir sänken
ihr sankt	ihr sänket
sie sanken	sie sänken

FUTURE INDICATIVE	CONDITIONAL
ich werde sinken	ich würde sinken
du wirst sinken	du würdest sinken
er wird sinken	er würde sinken
wir werden sinken	wir würden sinken
ihr werdet sinken	ihr würdet sinken
sie werden sinken	sie würden sinken

PERFECT INDICATIVE	PLUPERFECT SUBJUNCTIVE
ich bin **gesunken**	ich wäre **gesunken**
du bist **gesunken**	du wär(e)st **gesunken**
er ist **gesunken**	er wäre **gesunken**
wir sind **gesunken**	wir wären **gesunken**
ihr seid **gesunken**	ihr wär(e)t **gesunken**
sie sind **gesunken**	sie wären **gesunken**

IMPERATIVE: sink(**e**)! sink**en wir**!sink**en Sie**!

147 **sinnen** [strong, *haben*]
to meditate

PRESENT PARTICIPLE	PAST PARTICIPLE
sinnend	gesonnen

PRESENT INDICATIVE		PRESENT SUBJUNCTIVE	
ich	sinne	ich	sinne
du	sinnst	du	sinnest
er	sinnt	er	sinne
wir	sinnen	wir	sinnen
ihr	sinnt	ihr	sinnet
sie	sinnen	sie	sinnen

IMPERFECT INDICATIVE		IMPERFECT SUBJUNCTIVE	
ich	sann	ich	sänne
du	sannst	du	sännest
er	sann	er	sänne
wir	sannen	wir	sännen
ihr	sannt	ihr	sännet
sie	sannen	sie	sännen

FUTURE INDICATIVE		CONDITIONAL	
ich	werde sinnen	ich	würde sinnen
du	wirst sinnen	du	würdest sinnen
er	wird sinnen	er	würde sinnen
wir	werden sinnen	wir	würden sinnen
ihr	werdet sinnen	ihr	würdet sinnen
sie	werden sinnen	sie	würden sinnen

PERFECT INDICATIVE		PLUPERFECT SUBJUNCTIVE	
ich	habe gesonnen	ich	hätte gesonnen
du	hast gesonnen	du	hättest gesonnen
er	hat gesonnen	er	hätte gesonnen
wir	haben gesonnen	wir	hätten gesonnen
ihr	habt gesonnen	ihr	hättet gesonnen
sie	haben gesonnen	sie	hätten gesonnen

IMPERATIVE: sinn(**e**)! sinn**en wir**! sinnt! sinn**en Sie**!

to sit

PRESENT PARTICIPLE	PAST PARTICIPLE
sitz**end**	**gesessen**

PRESENT INDICATIVE		PRESENT SUBJUNCTIVE	
ich	sitz**e**	ich	sitz**e**
du	sitz**t**	du	sitz**est**
er	sitz**t**	er	sitz**e**
wir	sitz**en**	wir	sitz**en**
ihr	sitz**t**	ihr	sitz**et**
sie	sitz**en**	sie	sitz**en**

IMPERFECT INDICATIVE		IMPERFECT SUBJUNCTIVE	
ich	**saß**	ich	**säße**
du	**saßest**	du	**säßest**
er	**saß**	er	**säße**
wir	**saßen**	wir	**säßen**
ihr	**saßt**	ihr	**säßet**
sie	**saßen**	sie	**säßen**

FUTURE INDICATIVE		CONDITIONAL	
ich	werde sitzen	ich	würde sitzen
du	wirst sitzen	du	würdest sitzen
er	wird sitzen	er	würde sitzen
wir	werden sitzen	wir	würden sitzen
ihr	werdet sitzen	ihr	würdet sitzen
sie	werden sitzen	sie	würden sitzen

PERFECT INDICATIVE		PLUPERFECT SUBJUNCTIVE	
ich	habe **gesessen**	ich	hätte **gesessen**
du	hast **gesessen**	du	hättest **gesessen**
er	hat **gesessen**	er	hätte **gesessen**
wir	haben **gesessen**	wir	hätten **gesessen**
ihr	habt **gesessen**	ihr	hättet **gesessen**
sie	haben **gesessen**	sie	hätten **gesessen**

IMPERATIVE: sitz(**e**)! sitz**en wir**! sitz**t**! sitz**en Sie**!

149 **sollen** [modal, *haben*]
to be to

PRESENT PARTICIPLE	PAST PARTICIPLE
sollend	gesollt/sollen*

PRESENT INDICATIVE		PRESENT SUBJUNCTIVE	
ich	soll	ich	solle
du	sollst	du	sollest
er	soll	er	solle
wir	sollen	wir	sollen
ihr	sollt	ihr	sollet
sie	sollen	sie	sollen

IMPERFECT INDICATIVE		IMPERFECT SUBJUNCTIVE	
ich	sollte	ich	sollte
du	solltest	du	solltest
er	sollte	er	sollte
wir	sollten	wir	sollten
ihr	solltet	ihr	solltet
sie	sollten	sie	sollten

FUTURE INDICATIVE		CONDITIONAL	
ich	werde sollen	ich	würde sollen
du	wirst sollen	du	würdest sollen
er	wird sollen	er	würde sollen
wir	werden sollen	wir	würden sollen
ihr	werdet sollen	ihr	würdet sollen
sie	werden sollen	sie	würden sollen

PERFECT INDICATIVE		PLUPERFECT SUBJUNCTIVE	
ich	habe gesollt/sollen	ich	hätte gesollt/sollen
du	hast gesollt/sollen	du	hättest gesollt/sollen
er	hat gesollt/sollen	er	hätte gesollt/sollen
wir	haben gesollt/sollen	wir	hätten gesollt/sollen
ihr	habt gesollt/sollen	ihr	hättet gesollt/sollen
sie	haben gesollt/sollen	sie	hätten gesollt/sollen

*The second form is used when combined with an infinitive construction.

to spew

PRESENT PARTICIPLE	PAST PARTICIPLE
speiend	**gespie(e)n**

PRESENT INDICATIVE		PRESENT SUBJUNCTIVE	
ich	speie	ich	speie
du	speist	du	speiest
er	speit	er	speie
wir	speien	wir	speien
ihr	speit	ihr	speiet
sie	speien	sie	speien

IMPERFECT INDICATIVE		IMPERFECT SUBJUNCTIVE	
ich	**spie**	ich	**spiee**
du	**spiest**	du	**spieest**
er	**spie**	er	**spiee**
wir	**spieen**	wir	**spieen**
ihr	**spiet**	ihr	**spieet**
sie	**spieen**	sie	**spieen**

FUTURE INDICATIVE		CONDITIONAL	
ich	werde speien	ich	würde speien
du	wirst speien	du	würdest speien
er	wird speien	er	würde speien
wir	werden speien	wir	würden speien
ihr	werdet speien	ihr	würdet speien
sie	werden speien	sie	würden speien

PERFECT INDICATIVE		PLUPERFECT SUBJUNCTIVE	
ich	habe **gespie(e)n**	ich	hätte **gespie(e)n**
du	hast **gespie(e)n**	du	hättest **gespie(e)n**
er	hat **gespie(e)n**	er	hätte **gespie(e)n**
wir	haben **gespie(e)n**	wir	hätten **gespie(e)n**
ihr	habt **gespie(e)n**	ihr	hättet **gespie(e)n**
sie	haben **gespie(e)n**	sie	hätten **gespie(e)n**

IMPERATIVE: spei(**e**)! spei**en wir**! speit! spei**en Sie**!

151 **spinnen** [strong, *haben*]

to spin

PRESENT PARTICIPLE	PAST PARTICIPLE
spinnen**d**	**gesponnen**

PRESENT INDICATIVE

ich	spinne
du	spinn**st**
er	spinn**t**
wir	spinn**en**
ihr	spinn**t**
sie	spinn**en**

IMPERFECT INDICATIVE

ich	**spann**
du	**spannst**
er	**spann**
wir	**spannen**
ihr	**spannt**
sie	**spannen**

FUTURE INDICATIVE

ich	werde spinnen
du	wirst spinnen
er	wird spinnen
wir	werden spinnen
ihr	werdet spinnen
sie	werden spinnen

PERFECT INDICATIVE

ich	habe **gesponnen**
du	hast **gesponnen**
er	hat **gesponnen**
wir	haben **gesponnen**
ihr	habt **gesponnen**
sie	haben **gesponnen**

PRESENT SUBJUNCTIVE

ich	spinne
du	spinn**est**
er	spinne
wir	spinn**en**
ihr	spinn**et**
sie	spinn**en**

IMPERFECT SUBJUNCTIVE

ich	**spönne**
du	**spönnest**
er	**spönne**
wir	**spönnen**
ihr	**spönnet**
sie	**spönnen**

CONDITIONAL

ich	würde spinnen
du	würdest spinnen
er	würde spinnen
wir	würden spinnen
ihr	würdet spinnen
sie	würden spinnen

PLUPERFECT SUBJUNCTIVE

ich	hätte **gesponnen**
du	hättest **gesponnen**
er	hätte **gesponnen**
wir	hätten **gesponnen**
ihr	hättet **gesponnen**
sie	hätten **gesponnen**

IMPERATIVE: spinn(**e**)! spinn**en wir**! spinn**t**! spinn**en Sie**!

to speak

PRESENT PARTICIPLE	*PAST PARTICIPLE*
sprechen**d**	**gesprochen**

PRESENT INDICATIVE	*PRESENT SUBJUNCTIVE*
ich spreche	ich spreche
du sprichst	du sprechest
er spricht	er spreche
wir sprechen	wir sprechen
ihr sprecht	ihr sprechet
sie sprechen	sie sprechen

IMPERFECT INDICATIVE	*IMPERFECT SUBJUNCTIVE*
ich sprach	ich spräche
du sprachst	du sprächest
er sprach	er spräche
wir sprachen	wir sprächen
ihr spracht	ihr sprächet
sie sprachen	sie sprächen

FUTURE INDICATIVE	*CONDITIONAL*
ich werde sprechen	ich würde sprechen
du wirst sprechen	du würdest sprechen
er wird sprechen	er würde sprechen
wir werden sprechen	wir würden sprechen
ihr werdet sprechen	ihr würdet sprechen
sie werden sprechen	sie würden sprechen

PERFECT INDICATIVE	*PLUPERFECT SUBJUNCTIVE*
ich habe **gesprochen**	ich hätte **gesprochen**
du hast **gesprochen**	du hättest **gesprochen**
er hat **gesprochen**	er hätte **gesprochen**
wir haben **gesprochen**	wir hätten **gesprochen**
ihr habt **gesprochen**	ihr hättet **gesprochen**
sie haben **gesprochen**	sie hätten **gesprochen**

IMPERATIVE: **sprich**! sprechen **wir**! sprecht! sprechen **Sie**!

153 sprießen [strong, *sein*]
to sprout

PRESENT PARTICIPLE	PAST PARTICIPLE
sprießend	**gesprossen**

PRESENT INDICATIVE	PRESENT SUBJUNCTIVE
ich sprieße	ich sprieße
du sprießt	du sprießest
er sprießt	er sprieße
wir sprießen	wir sprießen
ihr sprießt	ihr sprießet
sie sprießen	sie sprießen

IMPERFECT INDICATIVE	IMPERFECT SUBJUNCTIVE
ich sproß	ich sprösse
du sprossest	du sprössest
er sproß	er sprösse
wir sprossen	wir sprössen
ihr sproßt	ihr sprösset
sie sprossen	sie sprössen

FUTURE INDICATIVE	CONDITIONAL
ich werde sprießen	ich würde sprießen
du wirst sprießen	du würdest sprießen
er wird sprießen	er würde sprießen
wir werden sprießen	wir würden sprießen
ihr werdet sprießen	ihr würdet sprießen
sie werden sprießen	sie würden sprießen

PERFECT INDICATIVE	PLUPERFECT SUBJUNCTIVE
ich bin gesprossen	ich wäre gesprossen
du bist gesprossen	du wär(e)st gesprossen
er ist gesprossen	er wäre gesprossen
wir sind gesprossen	wir wären gesprossen
ihr seid gesprossen	ihr wär(e)t gesprossen
sie sind gesprossen	sie wären gesprossen

IMPERATIVE: sprieß(e)! sprießen wir! sprießt! sprießen Sie!

to jump

PRESENT PARTICIPLE	PAST PARTICIPLE
springen**d**	**gesprungen**

PRESENT INDICATIVE		PRESENT SUBJUNCTIVE	
ich	springe	ich	springe
du	springst	du	springest
er	springt	er	springe
wir	springen	wir	springen
ihr	springt	ihr	springet
sie	springen	sie	springen

IMPERFECT INDICATIVE		IMPERFECT SUBJUNCTIVE	
ich	sprang	ich	spränge
du	sprangst	du	sprängest
er	sprang	er	spränge
wir	sprangen	wir	sprängen
ihr	sprangt	ihr	spränget
sie	sprangen	sie	sprängen

FUTURE INDICATIVE		CONDITIONAL	
ich	werde springen	ich	würde springen
du	wirst springen	du	würdest springen
er	wird springen	er	würde springen
wir	werden springen	wir	würden springen
ihr	werdet springen	ihr	würdet springen
sie	werden springen	sie	würden springen

PERFECT INDICATIVE		PLUPERFECT SUBJUNCTIVE	
ich	bin gesprungen	ich	wäre gesprungen
du	bist gesprungen	du	wär(e)st gesprungen
er	ist gesprungen	er	wäre gesprungen
wir	sind gesprungen	wir	wären gesprungen
ihr	seid gesprungen	ihr	wär(e)t gesprungen
sie	sind gesprungen	sie	wären gesprungen

IMPERATIVE: spring(**e**)! spring**en wir**! springt! springen **Sie**!

155 **stechen** [strong, *haben*]

to sting, to prick

PRESENT PARTICIPLE	*PAST PARTICIPLE*
stechend	**gestochen**

PRESENT INDICATIVE		*PRESENT SUBJUNCTIVE*	
ich	steche	ich	steche
du	**stichst**	du	stechest
er	**sticht**	er	steche
wir	stechen	wir	stechen
ihr	stecht	ihr	stechet
sie	stechen	sie	stechen

IMPERFECT INDICATIVE		*IMPERFECT SUBJUNCTIVE*	
ich	**stach**	ich	**stäche**
du	**stachst**	du	**stächest**
er	**stach**	er	**stäche**
wir	**stachen**	wir	**stächen**
ihr	**stacht**	ihr	**stächet**
sie	**stachen**	sie	**stächen**

FUTURE INDICATIVE		*CONDITIONAL*	
ich	werde stechen	ich	würde stechen
du	wirst stechen	du	würdest stechen
er	wird stechen	er	würde stechen
wir	werden stechen	wir	würden stechen
ihr	werdet stechen	ihr	würdet stechen
sie	werden stechen	sie	würden stechen

PERFECT INDICATIVE		*PLUPERFECT SUBJUNCTIVE*	
ich	habe **gestochen**	ich	hätte **gestochen**
du	hast **gestochen**	du	hättest **gestochen**
er	hat **gestochen**	er	hätte **gestochen**
wir	haben **gestochen**	wir	hätten **gestochen**
ihr	habt **gestochen**	ihr	hättet **gestochen**
sie	haben **gestochen**	sie	hätten **gestochen**

IMPERATIVE: **stich**! stechen wir! stecht! stechen Sie!

to be (in a place)/to put (*intransitive/transitive*)

PRESENT PARTICIPLE	*PAST PARTICIPLE*
steckend	gesteckt

PRESENT INDICATIVE	*PRESENT SUBJUNCTIVE*
ich stecke	ich stecke
du steckst	du steckest
er steckt	er stecke
wir stecken	wir stecken
ihr steckt	ihr stecket
sie stecken	sie stecken

IMPERFECT INDICATIVE	*IMPERFECT SUBJUNCTIVE*
ich stak	ich stäke
du stakst	du stäkest
er stak	er stäke
wir staken	wir stäken
ihr stakt	ihr stäket
sie staken	sie stäken

FUTURE INDICATIVE	*CONDITIONAL*
ich werde stecken	ich würde stecken
du wirst stecken	du würdest stecken
er wird stecken	er würde stecken
wir werden stecken	wir würden stecken
ihr werdet stecken	ihr würdet stecken
sie werden stecken	sie würden stecken

PERFECT INDICATIVE	*PLUPERFECT SUBJUNCTIVE*
ich habe gesteckt	ich hätte gesteckt
du hast gesteckt	du hättest gesteckt
er hat gesteckt	er hätte gesteckt
wir haben gesteckt	wir hätten gesteckt
ihr habt gesteckt	ihr hättet gesteckt
sie haben gesteckt	sie hätten gesteckt

IMPERATIVE: steck(**e**)! steck**en wir**! steck**t**! steck**en Sie**!
This verb when transitive is always weak:* steckte**, ge steck**t**.

157 **stehen** [strong, *haben*]

to stand

PRESENT PARTICIPLE	PAST PARTICIPLE
stehen**d**	**gestanden**

PRESENT INDICATIVE		PRESENT SUBJUNCTIVE	
ich	stehe	ich	stehe
du	steh**st**	du	stehest
er	steht	er	stehe
wir	stehen	wir	stehen
ihr	steht	ihr	stehet
sie	stehen	sie	stehen

IMPERFECT INDICATIVE		IMPERFECT SUBJUNCTIVE	
ich	stand	ich	stünde
du	stand(e)st	du	stündest
er	stand	er	stünde
wir	standen	wir	stünden
ihr	standet	ihr	stündet
sie	standen	sie	stünden

FUTURE INDICATIVE		CONDITIONAL	
ich	werde stehen	ich	würde stehen
du	wirst stehen	du	würdest stehen
er	wird stehen	er	würde stehen
wir	werden stehen	wir	würden stehen
ihr	werdet stehen	ihr	würdet stehen
sie	werden stehen	sie	würden stehen

PERFECT INDICATIVE		PLUPERFECT SUBJUNCTIVE	
ich	habe **gestanden**	ich	hätte **gestanden**
du	hast **gestanden**	du	hättest **gestanden**
er	hat **gestanden**	er	hätte **gestanden**
wir	haben **gestanden**	wir	hätten **gestanden**
ihr	habt **gestanden**	ihr	hättet **gestanden**
sie	haben **gestanden**	sie	hätten **gestanden**

IMPERATIVE: steh(**e**)! steh**en wir**! steht! steh**en Sie**!

to steal

PRESENT PARTICIPLE	PAST PARTICIPLE
stehle**nd**	**gestohlen**

PRESENT INDICATIVE		PRESENT SUBJUNCTIVE	
ich	stehle	**ich**	stehle
du	stiehl**st**	**du**	stehl**est**
er	stiehl**t**	**er**	stehl**e**
wir	stehle**n**	**wir**	stehle**n**
ihr	stehl**t**	**ihr**	stehl**et**
sie	stehle**n**	**sie**	stehle**n**

IMPERFECT INDICATIVE		IMPERFECT SUBJUNCTIVE	
ich	stahl	**ich**	stähle
du	stahl**st**	**du**	stähl**est**
er	stahl	**er**	stähl**e**
wir	stahl**en**	**wir**	stähl**en**
ihr	stahl**t**	**ihr**	stähl**et**
sie	stahl**en**	**sie**	stähl**en**

FUTURE INDICATIVE		CONDITIONAL	
ich	werde stehlen	**ich**	würde stehlen
du	wirst stehlen	**du**	würdest stehlen
er	wird stehlen	**er**	würde stehlen
wir	werden stehlen	**wir**	würden stehlen
ihr	werdet stehlen	**ihr**	würdet stehlen
sie	werden stehlen	**sie**	würden stehlen

PERFECT INDICATIVE		PLUPERFECT SUBJUNCTIVE	
ich	habe **gestohlen**	**ich**	hätte **gestohlen**
du	hast **gestohlen**	**du**	hättest **gestohlen**
er	hat **gestohlen**	**er**	hätte **gestohlen**
wir	haben **gestohlen**	**wir**	hätten **gestohlen**
ihr	habt **gestohlen**	**ihr**	hättet **gestohlen**
sie	haben **gestohlen**	**sie**	hätten **gestohlen**

IMPERATIVE: **stiehl**! stehle**n wir**! stehl**t**! stehle**n Sie**!

159 **steigen** [strong, *sein*]
to climb

PRESENT PARTICIPLE	PAST PARTICIPLE
steigen**d**	**gestiegen**

PRESENT INDICATIVE		PRESENT SUBJUNCTIVE	
ich	steige	**ich**	steige
du	steigst	**du**	steigest
er	steigt	**er**	steige
wir	steigen	**wir**	steigen
ihr	steigt	**ihr**	steiget
sie	steigen	**sie**	steigen

IMPERFECT INDICATIVE		IMPERFECT SUBJUNCTIVE	
ich	**stieg**	**ich**	**stiege**
du	**stiegst**	**du**	**stiegest**
er	**stieg**	**er**	**stiege**
wir	**stiegen**	**wir**	**stiegen**
ihr	**stiegt**	**ihr**	**stieget**
sie	**stiegen**	**sie**	**stiegen**

FUTURE INDICATIVE		CONDITIONAL	
ich	werde steigen	**ich**	würde steigen
du	wirst steigen	**du**	würdest steigen
er	wird steigen	**er**	würde steigen
wir	werden steigen	**wir**	würden steigen
ihr	werdet steigen	**ihr**	würdet steigen
sie	werden steigen	**sie**	würden steigen

PERFECT INDICATIVE		PLUPERFECT SUBJUNCTIVE	
ich	bin **gestiegen**	**ich**	wäre **gestiegen**
du	bist **gestiegen**	**du**	wär(e)st **gestiegen**
er	ist **gestiegen**	**er**	wäre **gestiegen**
wir	sind **gestiegen**	**wir**	wären **gestiegen**
ihr	seid **gestiegen**	**ihr**	wär(e)t **gestiegen**
sie	sind **gestiegen**	**sie**	wären **gestiegen**

IMPERATIVE: steig(e)! steig**en wir**! steigt! steig**en Sie**!

to die

PRESENT PARTICIPLE	PAST PARTICIPLE
sterbe**nd**	**gestorben**

PRESENT INDICATIVE		PRESENT SUBJUNCTIVE	
ich	sterbe	ich	sterbe
du	**stirbst**	**du**	sterb**est**
er	**stirbt**	**er**	sterbe
wir	sterben	**wir**	sterben
ihr	sterbt	ihr	sterb**et**
sie	sterben	sie	sterb**en**

IMPERFECT INDICATIVE		IMPERFECT SUBJUNCTIVE	
ich	**starb**	ich	**stürbe**
du	**starbst**	**du**	**stürbest**
er	**starb**	**er**	**stürbe**
wir	**starben**	**wir**	**stürben**
ihr	**starbt**	**ihr**	**stürbet**
sie	**starben**	**sie**	**stürben**

FUTURE INDICATIVE		CONDITIONAL	
ich	werde sterben	ich	würde sterben
du	wirst sterben	**du**	würdest sterben
er	wird sterben	**er**	würde sterben
wir	werden sterben	**wir**	würden sterben
ihr	werdet sterben	ihr	würdet sterben
sie	werden sterben	sie	würden sterben

PERFECT INDICATIVE		PLUPERFECT SUBJUNCTIVE	
ich	bin **gestorben**	ich	wäre **gestorben**
du	bist **gestorben**	**du**	wär(e)st **gestorben**
er	ist **gestorben**	**er**	wäre **gestorben**
wir	sind **gestorben**	**wir**	wären **gestorben**
ihr	seid **gestorben**	ihr	wär(e)t **gestorben**
sie	sind **gestorben**	sie	wären **gestorben**

IMPERATIVE: **stirb**! sterb**en wir**! sterb**t**! sterb**en Sie**!

183

161 **stinken** [strong, *haben*]

to stink

PRESENT PARTICIPLE	PAST PARTICIPLE
stinken**d**	**gestunken**

PRESENT INDICATIVE		PRESENT SUBJUNCTIVE	
ich	stinke	ich	stinke
du	stinkst	du	stinkest
er	stinkt	er	stinke
wir	stinken	wir	stinken
ihr	stinkt	ihr	stinket
sie	stinken	sie	stinken

IMPERFECT INDICATIVE		IMPERFECT SUBJUNCTIVE	
ich	**stank**	ich	**stänke**
du	**stankst**	du	**stänkest**
er	**stank**	er	**stänke**
wir	**stanken**	wir	**stänken**
ihr	**stankt**	ihr	**stänket**
sie	**stanken**	sie	**stänken**

FUTURE INDICATIVE		CONDITIONAL	
ich	werde stinken	ich	würde stinken
du	wirst stinken	du	würdest stinken
er	wird stinken	er	würde stinken
wir	werden stinken	wir	würden stinken
ihr	werdet stinken	ihr	würdet stinken
sie	werden stinken	sie	würden stinken

PERFECT INDICATIVE		PLUPERFECT SUBJUNCTIVE	
ich	habe **gestunken**	ich	hätte **gestunken**
du	hast **gestunken**	du	hättest **gestunken**
er	hat **gestunken**	er	hätte **gestunken**
wir	haben **gestunken**	wir	hätten **gestunken**
ihr	habt **gestunken**	ihr	hättet **gestunken**
sie	haben **gestunken**	sie	hätten **gestunken**

IMPERATIVE: stink(**e**)! stink**en wir**! stink**t**! stink**en Sie**!

to push

PRESENT PARTICIPLE	PAST PARTICIPLE
stoßen**d**	**gestoßen**

PRESENT INDICATIVE	PRESENT SUBJUNCTIVE
ich stoße	ich stoße
du stößt	du stoßest
er stößt	er stoße
wir stoßen	wir stoßen
ihr stoßt	ihr stoßet
sie stoßen	sie stoßen

IMPERFECT INDICATIVE	IMPERFECT SUBJUNCTIVE
ich stieß	ich stieße
du stießest	du stießest
er stieß	er stieße
wir stießen	wir stießen
ihr stießt	ihr stießet
sie stießen	sie stießen

FUTURE INDICATIVE	CONDITIONAL
ich werde stoßen	ich würde stoßen
du wirst stoßen	du würdest stoßen
er wird stoßen	er würde stoßen
wir werden stoßen	wir würden stoßen
ihr werdet stoßen	ihr würdet stoßen
sie werden stoßen	sie würden stoßen

PERFECT INDICATIVE	PLUPERFECT SUBJUNCTIVE
ich habe **gestoßen**	ich hätte **gestoßen**
du hast **gestoßen**	du hättest **gestoßen**
er hat **gestoßen**	er hätte **gestoßen**
wir haben **gestoßen**	wir hätten **gestoßen**
ihr habt **gestoßen**	ihr hättet **gestoßen**
sie haben **gestoßen**	sie hätten **gestoßen**

IMPERATIVE: stoß(**e**)! stoß**en wir**! stoß**t**! stoß**en Sie**!

163 **streichen** [strong, *haben*]

to spread, to stroke

PRESENT PARTICIPLE	PAST PARTICIPLE
streichen**d**	**gestrichen**

PRESENT INDICATIVE		PRESENT SUBJUNCTIVE	
ich	streiche	ich	streiche
du	streichst	du	streichest
er	streicht	er	streiche
wir	streichen	wir	streichen
ihr	streicht	ihr	streichet
sie	streichen	sie	streichen

IMPERFECT INDICATIVE		IMPERFECT SUBJUNCTIVE	
ich	strich	ich	striche
du	strichst	du	strichest
er	strich	er	striche
wir	strichen	wir	strichen
ihr	stricht	ihr	strichet
sie	strichen	sie	strichen

FUTURE INDICATIVE		CONDITIONAL	
ich	werde streichen	ich	würde streichen
du	wirst streichen	du	würdest streichen
er	wird streichen	er	würde streichen
wir	werden streichen	wir	würden streichen
ihr	werdet streichen	ihr	würdet streichen
sie	werden streichen	sie	würden streichen

PERFECT INDICATIVE		PLUPERFECT SUBJUNCTIVE	
ich	habe **gestrichen**	ich	hätte **gestrichen**
du	hast **gestrichen**	du	hättest **gestrichen**
er	hat **gestrichen**	er	hätte **gestrichen**
wir	haben **gestrichen**	wir	hätten **gestrichen**
ihr	habt **gestrichen**	ihr	hättet **gestrichen**
sie	haben **gestrichen**	sie	hätten **gestrichen**

IMPERATIVE: streich(**e**)! streich**en wir**! streicht! streich**en Sie**!

to quarrel

PRESENT PARTICIPLE	PAST PARTICIPLE
streiten**d**	**gestritten**

PRESENT INDICATIVE	PRESENT SUBJUNCTIVE
ich streite	**ich** streite
du streitest	**du** streitest
er streitet	**er** streite
wir streiten	**wir** streiten
ihr streitet	**ihr** streitet
sie streiten	**sie** streiten

IMPERFECT INDICATIVE	IMPERFECT SUBJUNCTIVE
ich stritt	**ich** stritte
du stritt(e)st	**du** strittest
er stritt	**er** stritte
wir stritten	**wir** stritten
ihr strittet	**ihr** strittet
sie stritten	**sie** stritten

FUTURE INDICATIVE	CONDITIONAL
ich werde streiten	**ich** würde streiten
du wirst streiten	**du** würdest streiten
er wird streiten	**er** würde streiten
wir werden streiten	**wir** würden streiten
ihr werdet streiten	**ihr** würdet streiten
sie werden streiten	**sie** würden streiten

PERFECT INDICATIVE	PLUPERFECT SUBJUNCTIVE
ich habe **gestritten**	**ich** hätte **gestritten**
du hast **gestritten**	**du** hättest **gestritten**
er hat **gestritten**	**er** hätte **gestritten**
wir haben **gestritten**	**wir** hätten **gestritten**
ihr habt **gestritten**	**ihr** hättet **gestritten**
sie haben **gestritten**	**sie** hätten **gestritten**

IMPERATIVE: streit(**e**)! streit**en wir**! streit**et**! streit**en Sie**!

165 **studieren** [weak, *haben*]

to study

PRESENT PARTICIPLE	PAST PARTICIPLE
studierend	studiert

PRESENT INDICATIVE		PRESENT SUBJUNCTIVE	
ich	studiere	ich	studiere
du	studierst	du	studierest
er	studiert	er	studiere
wir	studieren	wir	studieren
ihr	studiert	ihr	studieret
sie	studieren	sie	studieren

IMPERFECT INDICATIVE		IMPERFECT SUBJUNCTIVE	
ich	studierte	ich	studierte
du	studiertest	du	studiertest
er	studierte	er	studierte
wir	studierten	wir	studierten
ihr	studiertet	ihr	studiertet
sie	studierten	sie	studierten

FUTURE INDICATIVE		CONDITIONAL	
ich	werde studieren	ich	würde studieren
du	wirst studieren	du	würdest studieren
er	wird studieren	er	würde studieren
wir	werden studieren	wir	würden studieren
ihr	werdet studieren	ihr	würdet studieren
sie	werden studieren	sie	würden studieren

PERFECT INDICATIVE		PLUPERFECT SUBJUNCTIVE	
ich	habe studiert	ich	hätte studiert
du	hast studiert	du	hättest studiert
er	hat studiert	er	hätte studiert
wir	haben studiert	wir	hätten studiert
ihr	habt studiert	ihr	hättet studiert
sie	haben studiert	sie	hätten studiert

IMPERATIVE: studiere! studieren wir! studiert! studieren Sie!

to wear, to carry

PRESENT PARTICIPLE	PAST PARTICIPLE
tragen**d**	**getragen**

PRESENT INDICATIVE		PRESENT SUBJUNCTIVE	
ich	trage	ich	trage
du	träg**st**	du	trage**st**
er	träg**t**	er	trage
wir	tragen	wir	tragen
ihr	trag**t**	ihr	trage**t**
sie	tragen	sie	tragen

IMPERFECT INDICATIVE		IMPERFECT SUBJUNCTIVE	
ich	trug	ich	trüge
du	trug**st**	du	trüge**st**
er	trug	er	trüge
wir	trug**en**	wir	trügen
ihr	trug**t**	ihr	trüge**t**
sie	trug**en**	sie	trügen

FUTURE INDICATIVE		CONDITIONAL	
ich	werde tragen	ich	würde tragen
du	wirst tragen	du	würdest tragen
er	wird tragen	er	würde tragen
wir	werden tragen	wir	würden tragen
ihr	werdet tragen	ihr	würdet tragen
sie	werden tragen	sie	würden tragen

PERFECT INDICATIVE		PLUPERFECT SUBJUNCTIVE	
ich	habe **getragen**	ich	hätte **getragen**
du	hast **getragen**	du	hättest **getragen**
er	hat **getragen**	er	hätte **getragen**
wir	haben **getragen**	wir	hätten **getragen**
ihr	habt **getragen**	ihr	hättet **getragen**
sie	haben **getragen**	sie	hätten **getragen**

IMPERATIVE: trag(**e**)! trag**en wir**! trag**t**! trag**en Sie**!

167 **treffen** [strong, *haben*]

to meet

PRESENT PARTICIPLE	PAST PARTICIPLE
treffen**d**	**getroffen**

PRESENT INDICATIVE		PRESENT SUBJUNCTIVE	
ich	treffe	ich	treffe
du	triffst	du	treffest
er	trifft	er	treffe
wir	treffen	wir	treffen
ihr	trefft	ihr	treffet
sie	treffen	sie	treffen

IMPERFECT INDICATIVE		IMPERFECT SUBJUNCTIVE	
ich	traf	ich	träfe
du	trafst	du	träfest
er	traf	er	träfe
wir	trafen	wir	träfen
ihr	traft	ihr	träfet
sie	trafen	sie	träfen

FUTURE INDICATIVE		CONDITIONAL	
ich	werde treffen	ich	würde treffen
du	wirst treffen	du	würdest treffen
er	wird treffen	er	würde treffen
wir	werden treffen	wir	würden treffen
ihr	werdet treffen	ihr	würdet treffen
sie	werden treffen	sie	würden treffen

PERFECT INDICATIVE		PLUPERFECT SUBJUNCTIVE	
ich	habe **getroffen**	ich	hätte **getroffen**
du	hast **getroffen**	du	hättest **getroffen**
er	hat **getroffen**	er	hätte **getroffen**
wir	haben **getroffen**	wir	hätten **getroffen**
ihr	habt **getroffen**	ihr	hättet **getroffen**
sie	haben **getroffen**	sie	hätten **getroffen**

IMPERATIVE: **triff**! treffen **wir**! **trefft**! treffen **Sie**!

to drive

PRESENT PARTICIPLE	PAST PARTICIPLE
treibe**nd**	**getrieben**

PRESENT INDICATIVE	PRESENT SUBJUNCTIVE
ich treibe	ich treibe
du treibst	du treibest
er treibt	er treibe
wir treiben	wir treiben
ihr treibt	ihr treibet
sie treiben	sie treiben

IMPERFECT INDICATIVE	IMPERFECT SUBJUNCTIVE
ich trieb	ich triebe
du triebst	du triebest
er trieb	er triebe
wir trieben	wir trieben
ihr triebt	ihr triebet
sie trieben	sie trieben

FUTURE INDICATIVE	CONDITIONAL
ich werde treiben	ich würde treiben
du wirst treiben	du würdest treiben
er wird treiben	er würde treiben
wir werden treiben	wir würden treiben
ihr werdet treiben	ihr würdet treiben
sie werden treiben	sie würden treiben

PERFECT INDICATIVE	PLUPERFECT SUBJUNCTIVE
ich habe **getrieben**	ich hätte **getrieben**
du hast **getrieben**	du hättest **getrieben**
er hat **getrieben**	er hätte **getrieben**
wir haben **getrieben**	wir hätten **getrieben**
ihr habt **getrieben**	ihr hättet **getrieben**
sie haben **getrieben**	sie hätten **getrieben**

IMPERATIVE: treib(**e**)! treib**en wir**! treibt! treib**en Sie**!

169 **treten** [strong, *haben/sein*]
to kick/to step (*transitive/intransitive*)

PRESENT PARTICIPLE	PAST PARTICIPLE
treten**d**	**getreten**

PRESENT INDICATIVE	PRESENT SUBJUNCTIVE
ich trete	ich trete
du **trittst**	du tretest
er **tritt**	er trete
wir treten	wir treten
ihr tretet	ihr tretet
sie treten	sie treten

IMPERFECT INDICATIVE	IMPERFECT SUBJUNCTIVE
ich trat	ich **träte**
du trat(e)st	du **trätest**
er trat	er **träte**
wir traten	wir **träten**
ihr tratet	ihr **trätet**
sie traten	sie **träten**

FUTURE INDICATIVE	CONDITIONAL
ich werde treten	ich würde treten
du wirst treten	du würdest treten
er wird treten	er würde treten
wir werden treten	wir würden treten
ihr werdet treten	ihr würdet treten
sie werden treten	sie würden treten

PERFECT INDICATIVE	PLUPERFECT SUBJUNCTIVE
ich habe **getreten**[*]	ich hätte **getreten**[*]
du hast **getreten**	du hättest **getreten**
er hat **getreten**	er hätte **getreten**
wir haben **getreten**	wir hätten **getreten**
ihr habt **getreten**	ihr hättet **getreten**
sie haben **getreten**	sie hätten **getreten**

IMPERATIVE: **tritt**! tret**en wir**! tret**et**! tret**en Sie**!
[*]*OR*: **ich bin/wäre getreten** *etc* (*when intransitive*).

to drink

PRESENT PARTICIPLE	PAST PARTICIPLE
trinken**d**	**getrunken**

PRESENT INDICATIVE	PRESENT SUBJUNCTIVE
ich trinke	**ich** trinke
du trink**st**	**du** trink**est**
er trink**t**	**er** trinke
wir trink**en**	**wir** trink**en**
ihr trink**t**	**ihr** trink**et**
sie trink**en**	**sie** trink**en**

IMPERFECT INDICATIVE	IMPERFECT SUBJUNCTIVE
ich **trank**	**ich** **tränke**
du **trankst**	**du** **tränkest**
er **trank**	**er** **tränke**
wir **tranken**	**wir** **tränken**
ihr **trankt**	**ihr** **tränket**
sie **tranken**	**sie** **tränken**

FUTURE INDICATIVE	CONDITIONAL
ich werde trinken	**ich** würde trinken
du wirst trinken	**du** würdest trinken
er wird trinken	**er** würde trinken
wir werden trinken	**wir** würden trinken
ihr werdet trinken	**ihr** würdet trinken
sie werden trinken	**sie** würden trinken

PERFECT INDICATIVE	PLUPERFECT SUBJUNCTIVE
ich habe **getrunken**	**ich** hätte **getrunken**
du hast **getrunken**	**du** hättest **getrunken**
er hat **getrunken**	**er** hätte **getrunken**
wir haben **getrunken**	**wir** hätten **getrunken**
ihr habt **getrunken**	**ihr** hättet **getrunken**
sie haben **getrunken**	**sie** hätten **getrunken**

IMPERATIVE: trink(**e**)! trink**en wir**! trink**t**! trink**en Sie**!

171 **trügen** [strong, *haben*]
to deceive

PRESENT PARTICIPLE	PAST PARTICIPLE
trügen**d**	**getrogen**

PRESENT INDICATIVE	PRESENT SUBJUNCTIVE
ich trüge	ich trüge
du trügst	du trügest
er trügt	er trüge
wir trügen	wir trügen
ihr trügt	ihr trüget
sie trügen	sie trügen

IMPERFECT INDICATIVE	IMPERFECT SUBJUNCTIVE
ich trog	ich tröge
du trogst	du trögest
er trog	er tröge
wir trogen	wir trögen
ihr trogt	ihr tröget
sie trogen	sie trögen

FUTURE INDICATIVE	CONDITIONAL
ich werde trügen	ich würde trügen
du wirst trügen	du würdest trügen
er wird trügen	er würde trügen
wir werden trügen	wir würden trügen
ihr werdet trügen	ihr würdet trügen
sie werden trügen	sie würden trügen

PERFECT INDICATIVE	PLUPERFECT SUBJUNCTIVE
ich habe **getrogen**	ich hätte **getrogen**
du hast **getrogen**	du hättest **getrogen**
er hat **getrogen**	er hätte **getrogen**
wir haben **getrogen**	wir hätten **getrogen**
ihr habt **getrogen**	ihr hättet **getrogen**
sie haben **getrogen**	sie hätten **getrogen**

IMPERATIVE: trüg(**e**)! trügen **wir**! trüg**t**! trügen **Sie**!

194

to do

PRESENT PARTICIPLE	PAST PARTICIPLE
tuend	**getan**

PRESENT INDICATIVE	PRESENT SUBJUNCTIVE
ich tue	ich tue
du tust	du tuest
er tut	er tue
wir tun	wir tuen
ihr tut	ihr tuet
sie tun	sie tuen

IMPERFECT INDICATIVE	IMPERFECT SUBJUNCTIVE
ich tat	ich täte
du tat(e)st	du tätest
er tat	er täte
wir taten	wir täten
ihr tatet	ihr tätet
sie taten	sie täten

FUTURE INDICATIVE	CONDITIONAL
ich werde tun	ich würde tun
du wirst tun	du würdest tun
er wird tun	er würde tun
wir werden tun	wir würden tun
ihr werdet tun	ihr würdet tun
sie werden tun	sie würden tun

PERFECT INDICATIVE	PLUPERFECT SUBJUNCTIVE
ich habe **getan**	ich hätte **getan**
du hast **getan**	du hättest **getan**
er hat **getan**	er hätte **getan**
wir haben **getan**	wir hätten **getan**
ihr habt **getan**	ihr hättet **getan**
sie haben **getan**	sie hätten **getan**

IMPERATIVE: tu(**e**)! tu**n wir**! tut! tu**n Sie**!

173 **sich überlegen** [weak, inseparable, reflexive, *haben*]
to consider

PRESENT PARTICIPLE	PAST PARTICIPLE
überlegend	überlegt

PRESENT INDICATIVE	PRESENT SUBJUNCTIVE
ich überlege mir	ich überlege mir
du überlegst dir	du überlegest dir
er überlegt sich	er überlege sich
wir überlegen uns	wir überlegen uns
ihr überlegt euch	ihr überleget euch
sie überlegen sich	sie überlegen sich

IMPERFECT INDICATIVE	IMPERFECT SUBJUNCTIVE
ich überlegte mir	ich überlegte mir
du überlegtest dir	du überlegtest dir
er überlegte sich	er überlegte sich
wir überlegten uns	wir überlegten uns
ihr überlegtet euch	ihr überlegtet euch
sie überlegten sich	sie überlegten sich

FUTURE INDICATIVE	CONDITIONAL
ich werde mir überlegen	ich würde mir überlegen
du wirst dir überlegen	du würdest dir überlegen
er wird sich überlegen	er würde sich überlegen
wir werden uns überlegen	wir würden uns überlegen
ihr werdet euch überlegen	ihr würdet euch überlegen
sie werden sich überlegen	sie würden sich überlegen

PERFECT INDICATIVE	PLUPERFECT SUBJUNCTIVE
ich habe mir überlegt	ich hätte mir überlegt
du hast dir überlegt	du hättest dir überlegt
er hat sich überlegt	er hätte sich überlegt
wir haben uns überlegt	wir hätten uns überlegt
ihr habt euch überlegt	ihr hättet euch überlegt
sie haben sich überlegt	sie hätten sich überlegt

IMPERATIVE: überleg(e) dir! überlegen wir uns! überlegt euch!
überlegen Sie sich!

to spoil/become spoiled (*transitive/intransitive*)

PRESENT PARTICIPLE	PAST PARTICIPLE
verderben**d**	**verdorben**

PRESENT INDICATIVE	PRESENT SUBJUNCTIVE
ich verderbe	ich verderbe
du verdirbst	du verderbest
er verdirbt	er verderbe
wir verderben	wir verderben
ihr verderbt	ihr verderbet
sie verderben	sie verderben

IMPERFECT INDICATIVE	IMPERFECT SUBJUNCTIVE
ich verdarb	ich verdürbe
du verdarbst	du verdürbest
er verdarb	er verdürbe
wir verdarben	wir verdürben
ihr verdarbt	ihr verdürbet
sie verdarben	sie verdürben

FUTURE INDICATIVE	CONDITIONAL
ich werde verderben	ich würde verderben
du wirst verderben	du würdest verderben
er wird verderben	er würde verderben
wir werden verderben	wir würden verderben
ihr werdet verderben	ihr würdet verderben
sie werden verderben	sie würden verderben

PERFECT INDICATIVE	PLUPERFECT SUBJUNCTIVE
ich habe **verdorben**[*]	ich hätte **verdorben**[*]
du hast **verdorben**	du hättest **verdorben**
er hat **verdorben**	er hätte **verdorben**
wir haben **verdorben**	wir hätten **verdorben**
ihr habt **verdorben**	ihr hättet **verdorben**
sie haben **verdorben**	sie hätten **verdorben**

IMPERATIVE: **verdirb**! verderb**en wir**! verderb**t**! verderb**en Sie**!
[*]OR: **ich** bin/wäre **verdorben** *etc* (*when intransitive*).

175 **verdrießen** [strong, inseparable, *haben*]

to vex

PRESENT PARTICIPLE	PAST PARTICIPLE
verdrießend	verdrossen

PRESENT INDICATIVE	PRESENT SUBJUNCTIVE
ich verdrieße	ich verdrieße
du verdrießt	du verdrießest
er verdrießt	er verdrieße
wir verdrießen	wir verdrießen
ihr verdrießt	ihr verdrießet
sie verdrießen	sie verdrießen

IMPERFECT INDICATIVE	IMPERFECT SUBJUNCTIVE
ich **verdroß**	ich **verdrösse**
du **verdrossest**	du **verdrössest**
er **verdroß**	er **verdrösse**
wir **verdrossen**	wir **verdrössen**
ihr **verdroßt**	ihr **verdrösset**
sie **verdrossen**	sie **verdrössen**

FUTURE INDICATIVE	CONDITIONAL
ich werde verdrießen	ich würde verdrießen
du wirst verdrießen	du würdest verdrießen
er wird verdrießen	er würde verdrießen
wir werden verdrießen	wir würden verdrießen
ihr werdet verdrießen	ihr würdet verdrießen
sie werden verdrießen	sie würden verdrießen

PERFECT INDICATIVE	PLUPERFECT SUBJUNCTIVE
ich habe **verdrossen**	ich hätte **verdrossen**
du hast **verdrossen**	du hättest **verdrossen**
er hat **verdrossen**	er hätte **verdrossen**
wir haben **verdrossen**	wir hätten **verdrossen**
ihr habt **verdrossen**	ihr hättet **verdrossen**
sie haben **verdrossen**	sie hätten **verdrossen**

IMPERATIVE: verdrieß(**e**)! verdrieß**en wir**! verdrieß**t**! verdrieß**en Sie**!

to forget

PRESENT PARTICIPLE	*PAST PARTICIPLE*
vergessen**d**	**vergessen**

PRESENT INDICATIVE	*PRESENT SUBJUNCTIVE*
ich vergesse	ich vergesse
du vergi**ß**t	du vergess**est**
er vergi**ß**t	er vergesse
wir vergessen	wir vergessen
ihr vergeßt	ihr vergesset
sie vergessen	sie vergessen

IMPERFECT INDICATIVE	*IMPERFECT SUBJUNCTIVE*
ich verga**ß**	ich verg**äße**
du verga**ßest**	du verg**äßest**
er verga**ß**	er verg**äße**
wir verga**ßen**	wir verg**äßen**
ihr verga**ßt**	ihr verg**äßet**
sie verga**ßen**	sie verg**äßen**

FUTURE INDICATIVE	*CONDITIONAL*
ich werde vergessen	ich würde vergessen
du wirst vergessen	du würdest vergessen
er wird vergessen	er würde vergessen
wir werden vergessen	wir würden vergessen
ihr werdet vergessen	ihr würdet vergessen
sie werden vergessen	sie würden vergessen

PERFECT INDICATIVE	*PLUPERFECT SUBJUNCTIVE*
ich habe **vergessen**	ich hätte **vergessen**
du hast **vergessen**	du hättest **vergessen**
er hat **vergessen**	er hätte **vergessen**
wir haben **vergessen**	wir hätten **vergessen**
ihr habt **vergessen**	ihr hättet **vergessen**
sie haben **vergessen**	sie hätten **vergessen**

IMPERATIVE: **vergiß**! vergessen **wir**! vergeßt! vergessen **Sie**!

177 **verlangen** [weak, inseparable, *haben*]
to demand

PRESENT PARTICIPLE	PAST PARTICIPLE
verlangen**d**	verlang**t**

PRESENT INDICATIVE	PRESENT SUBJUNCTIVE
ich verlange	ich verlange
du verlang**st**	du verlang**est**
er verlang**t**	er verlange
wir verlang**en**	wir verlang**en**
ihr verlang**t**	ihr verlang**et**
sie verlang**en**	sie verlang**en**

IMPERFECT INDICATIVE	IMPERFECT SUBJUNCTIVE
ich verlang**te**	ich verlang**te**
du verlang**test**	du verlang**test**
er verlang**te**	er verlang**te**
wir verlang**ten**	wir verlang**ten**
ihr verlang**tet**	ihr verlang**tet**
sie verlang**ten**	sie verlang**ten**

FUTURE INDICATIVE	CONDITIONAL
ich werde verlangen	ich würde verlangen
du wirst verlangen	du würdest verlangen
er wird verlangen	er würde verlangen
wir werden verlangen	wir würden verlangen
ihr werdet verlangen	ihr würdet verlangen
sie werden verlangen	sie würden verlangen

PERFECT INDICATIVE	PLUPERFECT SUBJUNCTIVE
ich habe verlang**t**	ich hätte verlang**t**
du hast verlang**t**	du hättest verlang**t**
er hat verlang**t**	er hätte verlang**t**
wir haben verlang**t**	wir hätten verlang**t**
ihr habt verlang**t**	ihr hättet verlang**t**
sie haben verlang**t**	sie hätten verlang**t**

IMPERATIVE: verlang(**e**)! verlang**en wir**! verlang**t**! verlang**en Sie**!

to lose

PRESENT PARTICIPLE	PAST PARTICIPLE
verlierend	**verloren**

PRESENT INDICATIVE	PRESENT SUBJUNCTIVE
ich verliere	ich verliere
du verlierst	du verlierest
er verliert	er verliere
wir verlieren	wir verlieren
ihr verliert	ihr verlieret
sie verlieren	sie verlieren

IMPERFECT INDICATIVE	IMPERFECT SUBJUNCTIVE
ich verlor	ich verlöre
du verlorst	du verlörest
er verlor	er verlöre
wir verloren	wir verlören
ihr verlort	ihr verlöret
sie verloren	sie verlören

FUTURE INDICATIVE	CONDITIONAL
ich werde verlieren	ich würde verlieren
du wirst verlieren	du würdest verlieren
er wird verlieren	er würde verlieren
wir werden verlieren	wir würden verlieren
ihr werdet verlieren	ihr würdet verlieren
sie werden verlieren	sie würden verlieren

PERFECT INDICATIVE	PLUPERFECT SUBJUNCTIVE
ich habe **verloren**	ich hätte **verloren**
du hast **verloren**	du hättest **verloren**
er hat **verloren**	er hätte **verloren**
wir haben **verloren**	wir hätten **verloren**
ihr habt **verloren**	ihr hättet **verloren**
sie haben **verloren**	sie hätten **verloren**

IMPERATIVE: verlier(**e**)! verlier**en wir**! verlier**t**! verlier**en Sie**!

179 **verschleißen** [strong, inseparable, *haben/sein*]

to wear out (*transitive/intransitive*)

PRESENT PARTICIPLE	PAST PARTICIPLE
verschleißen**d**	**verschlissen**

PRESENT INDICATIVE	PRESENT SUBJUNCTIVE
ich verschleiße	ich verschleiße
du verschleißt	du verschleißest
er verschleißt	er verschleiße
wir verschleißen	wir verschleißen
ihr verschleißt	ihr verschleißet
sie verschleißen	sie verschleißen

IMPERFECT INDICATIVE	IMPERFECT SUBJUNCTIVE
ich **verschliß**	ich **verschlisse**
du **verschlißt**	du **verschlissest**
er **verschliß**	er **verschlisse**
wir **verschlissen**	wir **verschlissen**
ihr **verschlißt**	ihr **verschlisset**
sie **verschlissen**	sie **verschlissen**

FUTURE INDICATIVE	CONDITIONAL
ich werde verschleißen	ich würde verschleißen
du wirst verschleißen	du würdest verschleißen
er wird verschleißen	er würde verschleißen
wir werden verschleißen	wir würden verschleißen
ihr werdet verschleißen	ihr würdet verschleißen
sie werden verschleißen	sie würden verschleißen

PERFECT INDICATIVE	PLUPERFECT SUBJUNCTIVE
ich habe **verschlissen**[*]	ich hätte **verschlissen**[*]
du hast **verschlissen**	du hättest **verschlissen**
er hat **verschlissen**	er hätte **verschlissen**
wir haben **verschlissen**	wir hätten **verschlissen**
ihr habt **verschlissen**	ihr hättet **verschlissen**
sie haben **verschlissen**	sie hätten **verschlissen**

IMPERATIVE: verschleiß(**e**)! verschleiß**en wir**! verschleißt! ver-
schleiß**en Sie**!

[*]OR: **ich bin/wäre verschlissen** *etc* (*when intransitive*).

to disappear

PRESENT PARTICIPLE	PAST PARTICIPLE
verschwind**end**	**verschwunden**

PRESENT INDICATIVE	PRESENT SUBJUNCTIVE
ich verschwind**e**	ich verschwind**e**
du verschwind**est**	du verschwind**est**
er verschwind**et**	er verschwind**e**
wir verschwind**en**	wir verschwind**en**
ihr verschwind**et**	ihr verschwind**et**
sie verschwind**en**	sie verschwind**en**

IMPERFECT INDICATIVE	IMPERFECT SUBJUNCTIVE
ich **verschwand**	ich **verschwände**
du **verschwand(e)st**	du **verschwändest**
er **verschwand**	er **verschwände**
wir **verschwanden**	wir **verschwänden**
ihr **verschwandet**	ihr **verschwändet**
sie **verschwanden**	sie **verschwänden**

FUTURE INDICATIVE	CONDITIONAL
ich werde verschwinden	ich würde verschwinden
du wirst verschwinden	du würdest verschwinden
er wird verschwinden	er würde verschwinden
wir werden verschwinden	wir würden verschwinden
ihr werdet verschwinden	ihr würdet verschwinden
sie werden verschwinden	sie würden verschwinden

PERFECT INDICATIVE	PLUPERFECT SUBJUNCTIVE
ich bin **verschwunden**	ich wäre **verschwunden**
du bist **verschwunden**	du wär(e)st **verschwunden**
er ist **verschwunden**	er wäre **verschwunden**
wir sind **verschwunden**	wir wären **verschwunden**
ihr seid **verschwunden**	ihr wär(e)t **verschwunden**
sie sind **verschwunden**	sie wären **verschwunden**

IMPERATIVE: verschwind(**e**)! verschwind**en wir**! verschwind**et**! verschwind**en Sie**!

181 **verzeihen** [strong, inseparable, *haben*]
to pardon

PRESENT PARTICIPLE	PAST PARTICIPLE
verzeihe**nd**	**verziehen**

PRESENT INDICATIVE	PRESENT SUBJUNCTIVE
ich verzeihe	ich verzeihe
du verzeih**st**	du verzeih**est**
er verzeih**t**	er verzeihe
wir verzeih**en**	wir verzeih**en**
ihr verzeih**t**	ihr verzeih**et**
sie verzeih**en**	sie verzeih**en**

IMPERFECT INDICATIVE	IMPERFECT SUBJUNCTIVE
ich **verzieh**	ich **verziehe**
du **verziehst**	du **verziehest**
er **verzieh**	er **verziehe**
wir **verziehen**	wir **verziehen**
ihr **verzieht**	ihr **verziehet**
sie **verziehen**	sie **verziehen**

FUTURE INDICATIVE	CONDITIONAL
ich werde verzeihen	ich würde verzeihen
du wirst verzeihen	du würdest verzeihen
er wird verzeihen	er würde verzeihen
wir werden verzeihen	wir würden verzeihen
ihr werdet verzeihen	ihr würdet verzeihen
sie werden verzeihen	sie würden verzeihen

PERFECT INDICATIVE	PLUPERFECT SUBJUNCTIVE
ich habe **verziehen**	ich hätte **verziehen**
du hast **verziehen**	du hättest **verziehen**
er hat **verziehen**	er hätte **verziehen**
wir haben **verziehen**	wir hätten **verziehen**
ihr habt **verziehen**	ihr hättet **verziehen**
sie haben **verziehen**	sie hätten **verziehen**

IMPERATIVE: verzeih(**e**)! verzeih**en wir**! verzeih**t**! verzeih**en Sie**!

to grow

PRESENT PARTICIPLE	PAST PARTICIPLE
wachsen**d**	**gewachsen**

PRESENT INDICATIVE	PRESENT SUBJUNCTIVE
ich wachse	**ich** wachse
du wächst	**du** wachsest
er wächst	**er** wachse
wir wachsen	**wir** wachsen
ihr wachst	**ihr** wachset
sie wachsen	**sie** wachsen

IMPERFECT INDICATIVE	IMPERFECT SUBJUNCTIVE
ich wuchs	**ich** wüchse
du wuchsest	**du** wüchsest
er wuchs	**er** wüchse
wir wuchsen	**wir** wüchsen
ihr wuchst	**ihr** wüchset
sie wuchsen	**sie** wüchsen

FUTURE INDICATIVE	CONDITIONAL
ich werde wachsen	**ich** würde wachsen
du wirst wachsen	**du** würdest wachsen
er wird wachsen	**er** würde wachsen
wir werden wachsen	**wir** würden wachsen
ihr werdet wachsen	**ihr** würdet wachsen
sie werden wachsen	**sie** würden wachsen

PERFECT INDICATIVE	PLUPERFECT SUBJUNCTIVE
ich bin **gewachsen**	**ich** wäre **gewachsen**
du bist **gewachsen**	**du** wär(e)st **gewachsen**
er ist **gewachsen**	**er** wäre **gewachsen**
wir sind **gewachsen**	**wir** wären **gewachsen**
ihr seid **gewachsen**	**ihr** wär(e)t **gewachsen**
sie sind **gewachsen**	**sie** wären **gewachsen**

IMPERATIVE: wachs(**e**)! wachs**en wir**! wachs**t**! wachs**en Sie**!
**Conjugated as a weak verb when the meaning is "to wax".*

183 **wägen** [strong, *haben*]
to ponder

PRESENT PARTICIPLE	PAST PARTICIPLE
wägend	gewogen

PRESENT INDICATIVE	PRESENT SUBJUNCTIVE
ich wäge	ich wäge
du wägst	du wägest
er wägt	er wäge
wir wägen	wir wägen
ihr wägt	ihr wäget
sie wägen	sie wägen

IMPERFECT INDICATIVE	IMPERFECT SUBJUNCTIVE
ich wog	ich wöge
du wogst	du wögest
er wog	er wöge
wir wogen	wir wögen
ihr wogt	ihr wöget
sie wogen	sie wögen

FUTURE INDICATIVE	CONDITIONAL
ich werde wägen	ich würde wägen
du wirst wägen	du würdest wägen
er wird wägen	er würde wägen
wir werden wägen	wir würden wägen
ihr werdet wägen	ihr würdet wägen
sie werden wägen	sie würden wägen

PERFECT INDICATIVE	PLUPERFECT SUBJUNCTIVE
ich habe gewogen	ich hätte gewogen
du hast gewogen	du hättest gewogen
er hat gewogen	er hätte gewogen
wir haben gewogen	wir hätten gewogen
ihr habt gewogen	ihr hättet gewogen
sie haben gewogen	sie hätten gewogen

IMPERATIVE: wäg(**e**)! wäg**en wir**! wägt! wäg**en Sie**!

to roam

PRESENT PARTICIPLE	PAST PARTICIPLE
wandern**d**	**ge**wander**t**

PRESENT INDICATIVE	PRESENT SUBJUNCTIVE
ich wand(e)r**e**	ich wand(e)r**e**
du wander**st**	du wandr**est**
er wander**t**	er wand(e)r**e**
wir wander**n**	wir wander**n**
ihr wander**t**	ihr wander**t**
sie wander**n**	sie wander**n**

IMPERFECT INDICATIVE	IMPERFECT SUBJUNCTIVE
ich wander**te**	ich wander**te**
du wander**test**	du wander**test**
er wander**te**	er wander**te**
wir wander**ten**	wir wander**ten**
ihr wander**tet**	ihr wander**tet**
sie wander**ten**	sie wander**ten**

FUTURE INDICATIVE	CONDITIONAL
ich werde wandern	ich würde wandern
du wirst wandern	du würdest wandern
er wird wandern	er würde wandern
wir werden wandern	wir würden wandern
ihr werdet wandern	ihr würdet wandern
sie werden wandern	sie würden wandern

PERFECT INDICATIVE	PLUPERFECT SUBJUNCTIVE
ich bin **ge**wandert	ich wäre **ge**wandert
du bist **ge**wandert	du wär(e)st **ge**wandert
er ist **ge**wandert	er wäre **ge**wandert
wir sind **ge**wandert	wir wären **ge**wandert
ihr seid **ge**wandert	ihr wär(e)t **ge**wandert
sie sind **ge**wandert	sie wären **ge**wandert

IMPERATIVE: wand**re**! wandern **wir**! wandert! wandern **Sie**!

185 **waschen** [strong, *haben*]

to wash

PRESENT PARTICIPLE	PAST PARTICIPLE
waschen**d**	**gewaschen**

PRESENT INDICATIVE	PRESENT SUBJUNCTIVE
ich wasche	ich wasche
du wäschst	du waschest
er wäscht	er wasche
wir waschen	wir waschen
ihr wascht	ihr waschet
sie waschen	sie waschen

IMPERFECT INDICATIVE	IMPERFECT SUBJUNCTIVE
ich wusch	ich wüsche
du wuschest	du wüschest
er wusch	er wüsche
wir wuschen	wir wüschen
ihr wuscht	ihr wüschet
sie wuschen	sie wüschen

FUTURE INDICATIVE	CONDITIONAL
ich werde waschen	ich würde waschen
du wirst waschen	du würdest waschen
er wird waschen	er würde waschen
wir werden waschen	wir würden waschen
ihr werdet waschen	ihr würdet waschen
sie werden waschen	sie würden waschen

PERFECT INDICATIVE	PLUPERFECT SUBJUNCTIVE
ich habe **gewaschen**	ich hätte **gewaschen**
du hast **gewaschen**	du hättest **gewaschen**
er hat **gewaschen**	er hätte **gewaschen**
wir haben **gewaschen**	wir hätten **gewaschen**
ihr habt **gewaschen**	ihr hättet **gewaschen**
sie haben **gewaschen**	sie hätten **gewaschen**

IMPERATIVE: wasch(**e**)! waschen **wir**! wascht! waschen **Sie**!

to weave

PRESENT PARTICIPLE	PAST PARTICIPLE
webe**nd**	**gewoben**

PRESENT INDICATIVE	PRESENT SUBJUNCTIVE
ich webe	ich webe
du webst	du webest
er webt	er webe
wir weben	wir weben
ihr webt	ihr webet
sie weben	sie weben

IMPERFECT INDICATIVE	IMPERFECT SUBJUNCTIVE
ich **wob**	ich **wöbe**
du **wob(e)st**	du **wöbest**
er **wob**	er **wöbe**
wir **woben**	wir **wöben**
ihr **wobt**	ihr **wöbet**
sie **woben**	sie **wöben**

FUTURE INDICATIVE	CONDITIONAL
ich werde weben	ich würde weben
du wirst weben	du würdest weben
er wird weben	er würde weben
wir werden weben	wir würden weben
ihr werdet weben	ihr würdet weben
sie werden weben	sie würden weben

PERFECT INDICATIVE	PLUPERFECT SUBJUNCTIVE
ich habe **gewoben**	ich hätte **gewoben**
du hast **gewoben**	du hättest **gewoben**
er hat **gewoben**	er hätte **gewoben**
wir haben **gewoben**	wir hätten **gewoben**
ihr habt **gewoben**	ihr hättet **gewoben**
sie haben **gewoben**	sie hätten **gewoben**

IMPERATIVE: web(**e**)! web**en wir**! webt! web**en Sie**!
*This verb is more often weak: web**te**, ge**web**t.

187 **weichen** [strong, *sein*]

to yield

PRESENT PARTICIPLE	PAST PARTICIPLE
weichend	**gewichen**

PRESENT INDICATIVE	PRESENT SUBJUNCTIVE
ich weiche	ich weiche
du weichst	du weichest
er weicht	er weiche
wir weichen	wir weichen
ihr weicht	ihr weichet
sie weichen	sie weichen

IMPERFECT INDICATIVE	IMPERFECT SUBJUNCTIVE
ich wich	ich wiche
du wichst	du wichest
er wich	er wiche
wir wichen	wir wichen
ihr wicht	ihr wichet
sie wichen	sie wichen

FUTURE INDICATIVE	CONDITIONAL
ich werde weichen	ich würde weichen
du wirst weichen	du würdest weichen
er wird weichen	er würde weichen
wir werden weichen	wir würden weichen
ihr werdet weichen	ihr würdet weichen
sie werden weichen	sie würden weichen

PERFECT INDICATIVE	PLUPERFECT SUBJUNCTIVE
ich bin **gewichen**	ich wäre **gewichen**
du bist **gewichen**	du wär(e)st **gewichen**
er ist **gewichen**	er wäre **gewichen**
wir sind **gewichen**	wir wären **gewichen**
ihr seid **gewichen**	ihr wär(e)t **gewichen**
sie sind **gewichen**	sie wären **gewichen**

IMPERATIVE: weich(**e**)! weichen **wir**! weicht! weichen **Sie**!

to show

PRESENT PARTICIPLE	PAST PARTICIPLE
weisend	**gewiesen**

PRESENT INDICATIVE	*PRESENT SUBJUNCTIVE*
ich weise	**ich** weise
du weist	**du** weisest
er weist	**er** weise
wir weisen	**wir** weisen
ihr weist	**ihr** weiset
sie weisen	**sie** weisen

IMPERFECT INDICATIVE	*IMPERFECT SUBJUNCTIVE*
ich wies	**ich** wiese
du wiesest	**du** wiesest
er wies	**er** wiese
wir wiesen	**wir** wiesen
ihr wiest	**ihr** wieset
sie wiesen	**sie** wiesen

FUTURE INDICATIVE	*CONDITIONAL*
ich werde weisen	**ich** würde weisen
du wirst weisen	**du** würdest weisen
er wird weisen	**er** würde weisen
wir werden weisen	**wir** würden weisen
ihr werdet weisen	**ihr** würdet weisen
sie werden weisen	**sie** würden weisen

PERFECT INDICATIVE	*PLUPERFECT SUBJUNCTIVE*
ich habe **gewiesen**	**ich** hätte **gewiesen**
du hast **gewiesen**	**du** hättest **gewiesen**
er hat **gewiesen**	**er** hätte **gewiesen**
wir haben **gewiesen**	**wir** hätten **gewiesen**
ihr habt **gewiesen**	**ihr** hättet **gewiesen**
sie haben **gewiesen**	**sie** hätten **gewiesen**

IMPERATIVE: weis(**e**)! weis**en wir**! weist! weis**en Sie**!

189 **wenden**[*] [mixed, *haben*]

to turn

PRESENT PARTICIPLE	PAST PARTICIPLE
wende**nd**	**gewandt**

PRESENT INDICATIVE	PRESENT SUBJUNCTIVE
ich wende	ich wende
du wend**est**	du wend**est**
er wend**et**	er wende
wir wend**en**	wir wend**en**
ihr wend**et**	ihr wend**et**
sie wend**en**	sie wend**en**

IMPERFECT INDICATIVE	IMPERFECT SUBJUNCTIVE
ich wand**te**	ich wend**ete**
du wand**test**	du wend**etest**
er wand**te**	er wend**ete**
wir wand**ten**	wir wend**eten**
ihr wand**tet**	ihr wend**etet**
sie wand**ten**	sie wend**eten**

FUTURE INDICATIVE	CONDITIONAL
ich werde wenden	ich würde wenden
du wirst wenden	du würdest wenden
er wird wenden	er würde wenden
wir werden wenden	wir würden wenden
ihr werdet wenden	ihr würdet wenden
sie werden wenden	sie würden wenden

PERFECT INDICATIVE	PLUPERFECT SUBJUNCTIVE
ich habe **gewandt**	ich hätte **gewandt**
du hast **gewandt**	du hättest **gewandt**
er hat **gewandt**	er hätte **gewandt**
wir haben **gewandt**	wir hätten **gewandt**
ihr habt **gewandt**	ihr hättet **gewandt**
sie haben **gewandt**	sie hätten **gewandt**

IMPERATIVE: wend(**e**)! wend**en wir**! wend**et**! wend**en Sie**!
[*]*This verb is often weak:* wend**ete**, **gewendet**.

to recruit, to advertise

PRESENT PARTICIPLE	PAST PARTICIPLE
werben**d**	**geworben**

PRESENT INDICATIVE		PRESENT SUBJUNCTIVE	
ich	werbe	ich	werbe
du	wirbst	du	werbest
er	wirbt	er	werbe
wir	werben	wir	werben
ihr	werbt	ihr	werbet
sie	werben	sie	werben

IMPERFECT INDICATIVE		IMPERFECT SUBJUNCTIVE	
ich	warb	ich	würbe
du	warbst	du	würbest
er	warb	er	würbe
wir	warben	wir	würben
ihr	warbt	ihr	würbet
sie	warben	sie	würben

FUTURE INDICATIVE		CONDITIONAL	
ich	werde werben	ich	würde werben
du	wirst werben	du	würdest werben
er	wird werben	er	würde werben
wir	werden werben	wir	würden werben
ihr	werdet werben	ihr	würdet werben
sie	werden werben	sie	würden werben

PERFECT INDICATIVE		PLUPERFECT SUBJUNCTIVE	
ich	habe **geworben**	ich	hätte **geworben**
du	hast **geworben**	du	hättest **geworben**
er	hat **geworben**	er	hätte **geworben**
wir	haben **geworben**	wir	hätten **geworben**
ihr	habt **geworben**	ihr	hättet **geworben**
sie	haben **geworben**	sie	hätten **geworben**

IMPERATIVE: **wirb**! wer**ben** wir! wer**bt**! wer**ben** Sie!

191 **werden** [strong, *sein*]

to become

PRESENT PARTICIPLE	PAST PARTICIPLE
werde**nd**	**geworden/worden**[*]

PRESENT INDICATIVE	PRESENT SUBJUNCTIVE
ich werde	ich werde
du wirst	du werde**st**
er wird	er werde
wir werde**n**	wir werde**n**
ihr werde**t**	ihr werde**t**
sie werde**n**	sie werde**n**

IMPERFECT INDICATIVE	IMPERFECT SUBJUNCTIVE
ich **wurde**	ich **würde**
du **wurdest**	du **würdest**
er **wurde**	er **würde**
wir **wurden**	wir **würden**
ihr **wurdet**	ihr **würdet**
sie **wurden**	sie **würden**

FUTURE INDICATIVE	CONDITIONAL
ich werde werden	ich würde werden
du wirst werden	du würdest werden
er wird werden	er würde werden
wir werden werden	wir würden werden
ihr werdet werden	ihr würdet werden
sie werden werden	sie würden werden

PERFECT INDICATIVE	PLUPERFECT SUBJUNCTIVE
ich bin **geworden/worden**	ich wäre **geworden/worden**
du bist **geworden/worden**	du wär(e)st **geworden/worden**
er ist **geworden/worden**	er wäre **geworden/worden**
wir sind **geworden/worden**	wir wären **geworden/worden**
ihr seid **geworden/worden**	ihr wär(e)t **geworden/worden**
sie sind **geworden/worden**	sie wären **geworden/worden**

IMPERATIVE: werde! werde**n wir**! werde**t**! werde**n Sie**!
[*]*The second form is used in passive constructions.*

214

to throw

PRESENT PARTICIPLE	PAST PARTICIPLE
werf**end**	**geworfen**

PRESENT INDICATIVE	PRESENT SUBJUNCTIVE
ich werf**e**	ich werf**e**
du wir**fst**	du werf**est**
er wir**ft**	er werf**e**
wir werf**en**	wir werf**en**
ihr werf**t**	ihr werf**et**
sie werf**en**	sie werf**en**

IMPERFECT INDICATIVE	IMPERFECT SUBJUNCTIVE
ich **warf**	ich **würfe**
du **warfst**	du **würfest**
er **warf**	er **würfe**
wir **warfen**	wir **würfen**
ihr **warft**	ihr **würfet**
sie **warfen**	sie **würfen**

FUTURE INDICATIVE	CONDITIONAL
ich werde werfen	ich würde werfen
du wirst werfen	du würdest werfen
er wird werfen	er würde werfen
wir werden werfen	wir würden werfen
ihr werdet werfen	ihr würdet werfen
sie werden werfen	sie würden werfen

PERFECT INDICATIVE	PLUPERFECT SUBJUNCTIVE
ich habe **geworfen**	ich hätte **geworfen**
du hast **geworfen**	du hättest **geworfen**
er hat **geworfen**	er hätte **geworfen**
wir haben **geworfen**	wir hätten **geworfen**
ihr habt **geworfen**	ihr hättet **geworfen**
sie haben **geworfen**	sie hätten **geworfen**

IMPERATIVE: **wirf**! werf**en wir**! werf**t**! werf**en Sie**!

215

193 **wiegen** [strong, *haben*]

to weigh

PRESENT PARTICIPLE	PAST PARTICIPLE
wiegen**d**	**gewogen**

PRESENT INDICATIVE	PRESENT SUBJUNCTIVE
ich wiege	ich wiege
du wieg**st**	du wieg**est**
er wieg**t**	er wiege
wir wieg**en**	wir wieg**en**
ihr wieg**t**	ihr wieg**et**
sie wieg**en**	sie wieg**en**

IMPERFECT INDICATIVE	IMPERFECT SUBJUNCTIVE
ich **wog**	ich **wöge**
du **wogst**	du **wögest**
er **wog**	er **wöge**
wir **wogen**	wir **wögen**
ihr **wogt**	ihr **wöget**
sie **wogen**	sie **wögen**

FUTURE INDICATIVE	CONDITIONAL
ich werde wiegen	ich würde wiegen
du wirst wiegen	du würdest wiegen
er wird wiegen	er würde wiegen
wir werden wiegen	wir würden wiegen
ihr werdet wiegen	ihr würdet wiegen
sie werden wiegen	sie würden wiegen

PERFECT INDICATIVE	PLUPERFECT SUBJUNCTIVE
ich habe **gewogen**	ich hätte **gewogen**
du hast **gewogen**	du hättest **gewogen**
er hat **gewogen**	er hätte **gewogen**
wir haben **gewogen**	wir hätten **gewogen**
ihr habt **gewogen**	ihr hättet **gewogen**
sie haben **gewogen**	sie hätten **gewogen**

IMPERATIVE: wieg(**e**)! wieg**en wir**! wieg**t**! wieg**en Sie**!

to wind

PRESENT PARTICIPLE	PAST PARTICIPLE
winden**d**	**gewunden**

PRESENT INDICATIVE		PRESENT SUBJUNCTIVE	
ich	winde	**ich**	winde
du	wind**est**	**du**	wind**est**
er	wind**et**	**er**	winde
wir	wind**en**	**wir**	wind**en**
ihr	wind**et**	**ihr**	wind**et**
sie	wind**en**	**sie**	wind**en**

IMPERFECT INDICATIVE		IMPERFECT SUBJUNCTIVE	
ich	**wand**	**ich**	**wände**
du	**wandest**	**du**	**wändest**
er	**wand**	**er**	**wände**
wir	**wanden**	**wir**	**wänden**
ihr	**wandet**	**ihr**	**wändet**
sie	**wanden**	**sie**	**wänden**

FUTURE INDICATIVE		CONDITIONAL	
ich	werde winden	**ich**	würde winden
du	wirst winden	**du**	würdest winden
er	wird winden	**er**	würde winden
wir	werden winden	**wir**	würden winden
ihr	werdet winden	**ihr**	würdet winden
sie	werden winden	**sie**	würden winden

PERFECT INDICATIVE		PLUPERFECT SUBJUNCTIVE	
ich	habe **gewunden**	**ich**	hätte **gewunden**
du	hast **gewunden**	**du**	hättest **gewunden**
er	hat **gewunden**	**er**	hätte **gewunden**
wir	haben **gewunden**	**wir**	hätten **gewunden**
ihr	habt **gewunden**	**ihr**	hättet **gewunden**
sie	haben **gewunden**	**sie**	hätten **gewunden**

IMPERATIVE: wind(**e**)! wind**en wir**! wind**et**! wind**en Sie**!

217

195 **wissen** [mixed, *haben*]

to know

PRESENT PARTICIPLE	PAST PARTICIPLE
wissen**d**	**gewußt**

PRESENT INDICATIVE	PRESENT SUBJUNCTIVE
ich **weiß**	ich wisse
du **weißt**	du wissest
er **weiß**	er wisse
wir wissen	wir wissen
ihr wißt	ihr wisset
sie wissen	sie wissen

IMPERFECT INDICATIVE	IMPERFECT SUBJUNCTIVE
ich **wußte**	ich **wüßte**
du **wußtest**	du **wüßtest**
er **wußte**	er **wüßte**
wir **wußten**	wir **wüßten**
ihr **wußtet**	ihr **wüßtet**
sie **wußten**	sie **wüßten**

FUTURE INDICATIVE	CONDITIONAL
ich werde wissen	ich würde wissen
du wirst wissen	du würdest wissen
er wird wissen	er würde wissen
wir werden wissen	wir würden wissen
ihr werdet wissen	ihr würdet wissen
sie werden wissen	sie würden wissen

PERFECT INDICATIVE	PLUPERFECT SUBJUNCTIVE
ich habe **gewußt**	ich hätte **gewußt**
du hast **gewußt**	du hättest **gewußt**
er hat **gewußt**	er hätte **gewußt**
wir haben **gewußt**	wir hätten **gewußt**
ihr habt **gewußt**	ihr hättet **gewußt**
sie haben **gewußt**	sie hätten **gewußt**

IMPERATIVE: wisse! wissen **wir**! wisset! wissen **Sie**!

to want

PRESENT PARTICIPLE	PAST PARTICIPLE
wollen**d**	ge**wollt/wollen**[*]

PRESENT INDICATIVE	PRESENT SUBJUNCTIVE
ich **will**	ich wolle
du **willst**	du wollest
er **will**	er wolle
wir wollen	wir wollen
ihr wollt	ihr wollet
sie wollen	sie wollen

IMPERFECT INDICATIVE	IMPERFECT SUBJUNCTIVE
ich wollte	ich wollte
du wolltest	du wolltest
er wollte	er wollte
wir wollten	wir wollten
ihr wolltet	ihr wolltet
sie wollten	sie wollten

FUTURE INDICATIVE	CONDITIONAL
ich werde wollen	ich würde wollen
du wirst wollen	du würdest wollen
er wird wollen	er würde wollen
wir werden wollen	wir würden wollen
ihr werdet wollen	ihr würdet wollen
sie werden wollen	sie würden wollen

PERFECT INDICATIVE	PLUPERFECT SUBJUNCTIVE
ich habe ge**wollt/wollen**	ich hätte ge**wollt/wollen**
du hast ge**wollt/wollen**	du hättest ge**wollt/wollen**
er hat ge**wollt/wollen**	er hätte ge**wollt/wollen**
wir haben ge**wollt/wollen**	wir hätten ge**wollt/wollen**
ihr habt ge**wollt/wollen**	ihr hättet ge**wollt/wollen**
sie haben ge**wollt/wollen**	sie hätten ge**wollt/wollen**

IMPERATIVE: wolle! wollen wir! wollt! wollen Sie!
[*]*The second form is used when combined with an infinitive.*

197 **wringen** [strong, *haben*]

to wring

PRESENT PARTICIPLE	PAST PARTICIPLE
wringe**nd**	**gewrungen**

PRESENT INDICATIVE	PRESENT SUBJUNCTIVE
ich wringe	ich wringe
du wringst	du wring**est**
er wringt	er wringe
wir wringen	wir wringen
ihr wringt	ihr wring**et**
sie wringen	sie wringen

IMPERFECT INDICATIVE	IMPERFECT SUBJUNCTIVE
ich wrang	ich wränge
du wrangst	du wrängest
er wrang	er wränge
wir wrangen	wir wrängen
ihr wrangt	ihr wränget
sie wrangen	sie wrängen

FUTURE INDICATIVE	CONDITIONAL
ich werde wringen	ich würde wringen
du wirst wringen	du würdest wringen
er wird wringen	er würde wringen
wir werden wringen	wir würden wringen
ihr werdet wringen	ihr würdet wringen
sie werden wringen	sie würden wringen

PERFECT INDICATIVE	PLUPERFECT SUBJUNCTIVE
ich habe **gewrungen**	ich hätte **gewrungen**
du hast **gewrungen**	du hättest **gewrungen**
er hat **gewrungen**	er hätte **gewrungen**
wir haben **gewrungen**	wir hätten **gewrungen**
ihr habt **gewrungen**	ihr hättet **gewrungen**
sie haben **gewrungen**	sie hätten **gewrungen**

IMPERATIVE: wring(**e**)! wring**en wir**! wringt! wring**en Sie**!

to destroy

PRESENT PARTICIPLE	PAST PARTICIPLE
zerstörend	zerstört

PRESENT INDICATIVE	PRESENT SUBJUNCTIVE
ich zerstöre	ich zerstöre
du zerstörst	du zerstörest
er zerstört	er zerstöre
wir zerstören	wir zerstören
ihr zerstört	ihr zerstöret
sie zerstören	sie zerstören

IMPERFECT INDICATIVE	IMPERFECT SUBJUNCTIVE
ich zerstörte	ich zerstörte
du zerstörtest	du zerstörtest
er zerstörte	er zerstörte
wir zerstörten	wir zerstörten
ihr zerstörtet	ihr zerstörtet
sie zerstörten	sie zerstörten

FUTURE INDICATIVE	CONDITIONAL
ich werde zerstören	ich würde zerstören
du wirst zerstören	du würdest zerstören
er wird zerstören	er würde zerstören
wir werden zerstören	wir würden zerstören
ihr werdet zerstören	ihr würdet zerstören
sie werden zerstören	sie würden zerstören

PERFECT INDICATIVE	PLUPERFECT SUBJUNCTIVE
ich habe zerstört	ich hätte zerstört
du hast zerstört	du hättest zerstört
er hat zerstört	er hätte zerstört
wir haben zerstört	wir hätten zerstört
ihr habt zerstört	ihr hättet zerstört
sie haben zerstört	sie hätten zerstört

IMPERATIVE: zerstör(e)! zerstören **wir**! zerstört! zerstören **Sie**!

199 **ziehen** [strong, *sein/haben*]

to go/to pull

PRESENT PARTICIPLE	PAST PARTICIPLE
ziehend	**gezogen**

PRESENT INDICATIVE	PRESENT SUBJUNCTIVE
ich ziehe	ich ziehe
du ziehst	du ziehest
er zieht	er ziehe
wir ziehen	wir ziehen
ihr zieht	ihr ziehet
sie ziehen	sie ziehen

IMPERFECT INDICATIVE	IMPERFECT SUBJUNCTIVE
ich **zog**	ich **zöge**
du **zogst**	du **zögest**
er **zog**	er **zöge**
wir **zogen**	wir **zögen**
ihr **zogt**	ihr **zöget**
sie **zogen**	sie **zögen**

FUTURE INDICATIVE	CONDITIONAL
ich werde ziehen	ich würde ziehen
du wirst ziehen	du würdest ziehen
er wird ziehen	er würde ziehen
wir werden ziehen	wir würden ziehen
ihr werdet ziehen	ihr würdet ziehen
sie werden ziehen	sie würden ziehen

PERFECT INDICATIVE	PLUPERFECT SUBJUNCTIVE
ich bin/habe **gezogen**	ich wäre/hätte **gezogen**
du bist/hast **gezogen**	du wär(e)st/hättest **gezogen**
er ist/hat **gezogen**	er wäre/hätte **gezogen**
wir sind/haben **gezogen**	wir wären/hätten **gezogen**
ihr seid/habt **gezogen**	ihr wär(e)t/hättet **gezogen**
sie sind/haben **gezogen**	sie wären/hätten **gezogen**

IMPERATIVE: zieh**(e)**! zieh**en wir**! zieht! zieh**en Sie**!

to force

PRESENT PARTICIPLE	PAST PARTICIPLE
zwingen**d**	**gezwungen**

PRESENT INDICATIVE	PRESENT SUBJUNCTIVE
ich zwinge	**ich** zwinge
du zwing**st**	**du** zwing**est**
er zwing**t**	**er** zwinge
wir zwing**en**	**wir** zwing**en**
ihr zwing**t**	**ihr** zwing**et**
sie zwing**en**	**sie** zwing**en**

IMPERFECT INDICATIVE	IMPERFECT SUBJUNCTIVE
ich zwang	**ich** zwäng**e**
du zwang**st**	**du** zwäng**est**
er zwang	**er** zwäng**e**
wir zwang**en**	**wir** zwäng**en**
ihr zwang**t**	**ihr** zwäng**et**
sie zwang**en**	**sie** zwäng**en**

FUTURE INDICATIVE	CONDITIONAL
ich werde zwingen	**ich** würde zwingen
du wirst zwingen	**du** würdest zwingen
er wird zwingen	**er** würde zwingen
wir werden zwingen	**wir** würden zwingen
ihr werdet zwingen	**ihr** würdet zwingen
sie werden zwingen	**sie** würden zwingen

PERFECT INDICATIVE	PLUPERFECT SUBJUNCTIVE
ich habe **gezwungen**	**ich** hätte **gezwungen**
du hast **gezwungen**	**du** hättest **gezwungen**
er hat **gezwungen**	**er** hätte **gezwungen**
wir haben **gezwungen**	**wir** hätten **gezwungen**
ihr habt **gezwungen**	**ihr** hättet **gezwungen**
sie haben **gezwungen**	**sie** hätten **gezwungen**

IMPERATIVE: zwing(**e**)! zwing**en wir**! zwing**t**! zwing**en Sie**!

All the most used verbs of German are given here with their salient features to show you how to conjugate them. The number accompanying each verb refers you to a verb pattern in the 200 verb tables. Verbs which are themselves featured in the tables appear in bold.

Also included are irregular past participles and other verb parts, cross-referred to their infinitive.

Abbreviations

wk	weak verb; see pages 4 and 5
st	strong verb; see pages 4 and 9
mi	mixed verb; see pages 4 and 11
mo	modal verb; see page 4
ins	inseparable verb; see pages 4 and 19, models number 25 (strong) and 26 (weak)
|	placed between prefix and verb indicates a separable verb; see pages 4 and 19, models number 1 (strong) and 4 (weak)
h	conjugated with "haben"; see page 13
s	conjugated with "sein"; see page 13
ge	takes the prefix "ge-" in past participle
acc	accusative case
dat	dative case
gen	genitive case
ptp	past participle
sich	reflexive verb; see page 21
(sich)	verb is sometimes reflexive

ab|arbeiten	*wk*,h,ge 2	ab|bilden	*wk*,h,ge 106
ab|bauen	*wk*,h,ge 4	ab|blenden	*wk*,h,ge 106
ab|berufen	*st*,h 114	ab|brechen	*st*,h/s,ge 20
ptp abberufen		ab|brennen	*mi*,h/s,ge 21
ab|bestellen	*wk*,h 4	ab|bringen	*mi*,h,ge 22
ptp abbestellt		ab|drehen	*wk*,h,ge 4
ab|bezahlen	*wk*,h 76	ab|dunkeln	*wk*,h,ge 69
ptp abbezahlt		ab|ebben	*wk*,s,ge 4
ab|biegen	*st*,h/s,ge 13	aberkannt←ab|erkennen	

ab|erkennen	*mi*,h 77	ab|legen	wk,h,ge 4
ab|fahren	st,s,ge 35	ab|lehnen	wk,h,ge 4
ab|fallen	st,s,ge 36	ab|leiten	wk,h,ge 2
ab|fangen	st,h,ge 37	(sich *acc*)	
ab|fassen	wk,h,ge 66	ab|lenken	wk,h,ge 4
ab|fertigen	wk,h,ge 4	ab|lesen	st,h,ge 89
ab|fliegen	st,s,ge 41	ab|leugnen	wk,h,ge 105
ab|fragen	wk,h,ge 4	ab|liefern	wk,h,ge 184
ab|führen	wk,h,ge 4	ab|locken	wk,h,ge 4
ab|geben	st,h,ge 49	ab|lösen	wk,h,ge 103
abgebogen←ab|biegen		ab|machen	wk,h,ge 4
abgebracht←ab|bringen		ab|magern	wk,s,ge 184
abgebrannt←ab|brennen		ab|marschieren	wk,s 165
abgebrochen←ab|brechen		*ptp* abmarschiert	
abgeflogen←ab|fliegen		ab|nehmen	st,h,ge 98
abgegangen←ab|gehen		ab|nutzen	wk,h,ge 4
ab|gehen	st,s,ge 51	abonnieren	wk,h 165
abgeholfen←ab|helfen		ab|ordnen	wk,h,ge 105
abgelegen←ab|liegen		ab|raten	st,h,ge 104
abgenommen←ab|nehmen		ab|rechnen	wk,h,ge 105
abgerissen←ab|reißen		ab|reisen	wk,s,ge 103
abgesandt←ab|senden		ab|reißen	st,h,ge 108
abgeschossen←ab|schießen		ab|rollen	wk,h/s,ge 4
abgeschnitten←ab|schneiden		ab|sagen	wk,+*dat*,h,ge 4
abgesprochen←ab|sprechen		ab|schaffen	wk,h,ge 4
abgestritten←ab|streiten		ab|schalten	wk,h,ge 2
abgetrieben←ab|treiben		ab|schicken	wk,h,ge 4
abgewichen←ab|weichen		ab|schießen	st,h,ge 124
abgewiesen←ab|weisen		ab|schlagen	st,h,ge 126
ab|gewöhnen	wk,h 76	ab|schleifen	st,h,ge 128
ptp abgewöhnt		ab|schließen	st,h,ge 129
abgezogen←ab|ziehen		(sich *acc*)	
ab|gucken	wk,h,ge 4	ab|schnallen	wk,h,ge 4
ab|hängen	st,h,ge 70	(sich *acc*)	
ab|härten	wk,h,ge 2	ab|schneiden	st,h,ge 133
ab|holen	wk,h,ge 4	ab|schreiben	st,+*dat*,h,ge 118
ab|hören	wk,h,ge 4	ab|schwächen	wk,h,ge 4
ab|kaufen	wk,h,ge 4	(sich *acc*)	
ab|kommen	st,s,ge 81	ab|schrecken	wk,h,ge 4
ab|kürzen	wk,h,ge 74	ab|schwitzen	wk,h,ge 74
ab|laden	st,h,ge 84	ab|sehen	st,h,ge 142
ab|laufen	st,s,ge 86	ab|senden	*mi*,h,ge 144

ab|setzen	wk,h,ge 74	ähneln	wk,+dat,h,ge 69
(sich acc)		alarmieren	wk,h,165
ab|sperren	wk,h,ge 4	altern	wk,s,ge 184
ab|spielen	wk,h,ge 4	amüsieren	wk,h,165
ab|sprechen	st,h,ge 152	sich acc	
ab|stechen	st,h,ge 155	an|bauen	wk,h,ge 4
ab|steigen	st,s,ge 159	an|befehlen	st,h 6
ab|stellen	wk,h,ge 4	ptp anbefohlen	
ab|stimmen	wk,h,ge 4	an|behalten	st,h 68
ab|stoßen	st,h,ge 162	ptp anbehalten	
ab|streiten	st,h,ge 168	an|bellen	wk,h,ge 4
ab|stürzen	wk,s,ge 74	an|beten	wk,h,ge 4
ab|stützen	wk,h,ge 74	an|bieten	st,h,ge 14
(sich acc)		an|binden	st,h,ge 15
ab|tragen	st,h,ge 166	an|blicken	wk,h,ge 4
ab|transportieren	wk,h 165	an|braten	st,h,ge 19
ptp abtransportiert		an|brechen	st,h/s,ge 20
ab|treiben	st,h/s,ge 168	an|bremsen	wk,h,ge 103
ab|trennen	wk,h,ge 4	an|brennen	mi,s,ge 21
ab|trocknen	wk,h,ge 105	ändern	wk,h,ge 184
ab|wandern	wk,s,ge 184	(sich acc)	
ab|warten	wk,h,ge 2	an|deuten	wk,h,ge 2
ab|waschen	st,h,ge 185	an|drehen	wk,h,ge 4
ab|wechseln	wk,h,ge 69	anerkannt←an|erkennen	
(sich acc)		an|erkennen	mi,h 77
ab|weichen	st,s,ge 187	an|fahren	st,s,ge 35
ab|weisen	st,h,ge 188	an|fallen	st,s,ge 36
ab|werten	wk,h,ge 2	an|fangen	st,h,ge 37
ab|wickeln	wk,h,ge 69	an|fassen	wk,h,ge 66
(sich acc)		an|fechten	st,h,ge 38
ab|zahlen	wk,h,ge 4	an|fertigen	wk,h,ge 4
ab|zapfen	wk,h,ge 4	an|geben	st,h,ge 49
ab|zehren	wk,h,ge 4	angeboten←an|bieten	
(sich acc)		angebrannt←an|brennen	
ab|zeichnen	wk,h,ge 105	angebrochen←an|brechen	
(sich acc)		angebunden←an|binden	
ab|ziehen	st,h/s,ge 199	angefochten←an|fechten	
achten	wk,h,ge 2	angegangen←an|gehen	
ächzen	wk,h,ge 74	angegriffen←an|greifen	
addieren	wk,h 165	an|gehen	st,s,ge 51
adressieren	wk,h 165	an|gehören	wk,h 76
ahnden	wk,h,ge 106	ptp angehört	

226

227

228

ausgezogen←aus|ziehen		aus|weichen	*st*,+*dat*,s,ge 187
aus|gleichen	*st*,h,ge 61	aus|weisen	*st*,h,ge 188
aus|halten	*st*,h,ge 68	aus|wirken	*wk*,h,ge 4
aus|helfen	*st*,h,ge 75	aus|zahlen	*wk*,h,ge 4
aus|kennen	*mi*,h,ge 77	aus|ziehen	*st*,h,ge 199
(sich *acc*)		**backen**	***st*,h,ge 5**
aus|kleiden	*wk*,h,ge 106	baden	*wk*,h,ge 106
aus|kommen	*st*,s,ge 81	band, bände←binden	
aus|lachen	*wk*,h,ge 4	barg, bärge←bergen	
aus|lassen	*st*,h,ge 85	barst, bärste←bersten	
aus|liefern	*wk*,h,ge 184	basteln	*wk*,h,ge 69
aus|lösen	*wk*,h,ge 103	bat, bäte←bitten	
aus|machen	*wk*,h,ge 4	bauen	*wk*,h,ge 76
aus|packen	*wk*,h,ge 4	beachten	*wk*,*ins*,h 2
aus|reden	*wk*,h,ge 106	beanspruchen	*wk*,*ins*,h 11
aus|reichen	***wk*,h,ge 4**	beantragen	*wk*,*ins*,h 11
aus|reisen	*wk*,s,ge 103	beantworten	*wk*,*ins*,h 2
aus|rotten	*wk*,h,ge 2	bearbeiten	*wk*,*ins*,h 2
aus|rufen	*st*,h,ge 114	beaufsichtigen	*wk*,*ins*,h 11
aus|ruhen	*wk*,h,ge 4	beauftragen	*wk*,*ins*,h 11
sich *acc*		beben	*wk*,h,ge 76
aus|sagen	*wk*,h,ge 4	bedanken	*wk*,*ins*,h 11
aus|schalten	*wk*,h,ge 2	sich *acc*	
aus|scheiden	*st*,h,ge 133	bedauern	*wk*,*ins*,h 184
aus|sehen	*st*,h,ge 142	bedenken	*mi*,*ins*,h 23
äußern	*wk*,h,ge 184	(sich *acc*)	
(sich *acc*)		bedeuten	*wk*,*ins*,h 2
aus|sondern	*wk*,h,ge 184	bedienen	*wk*,*ins*,h 11
aus|sortieren	*wk*,h 165	(sich *acc*:+*gen*)	
ptp aussortiert		bedrohen	*wk*,*ins*,h 11
aus|spannen	*wk*,h,ge 4	bedrücken	*wk*,*ins*,h 11
aus|sprechen	*st*,h,ge 152	bedürfen	*mi*,*ins*,+*gen*,h 28
aus|steigen	*st*,s,ge 159	beeilen	*wk*,*ins*,h 11
aus|stellen	*wk*,h,ge 4	sich *acc*	
aus|stoßen	*st*,h,ge 162	beeindrucken	*wk*,*ins*,h 11
aus|suchen	*wk*,h,ge 4	beeinflussen	*wk*,*ins*,h 11
aus|teilen	*wk*,h,ge 4	*ptp* beeinflußt	
aus|tragen	*st*,h,ge 166	beeinträchtigen	*wk*,*ins*,h 11
aus|trinken	*st*,h,ge 170	beenden	*wk*,*ins*,h 106
aus|üben	*wk*,h,ge 4	beerdigen	*wk*,*ins*,h 11
aus|wählen	*wk*,h,ge 4	befähigen	*wk*,*ins*,h 11
aus|wandern	*wk*,s,ge 184	befahl, befähle←befehlen	

befallen	st,ins,h 36	beigebracht←	bei|bringen	
befehlen	**st,ins,h 6**	bei|legen		wk,h,ge 4
befiehl!←befehlen		**beißen**		**st,h,ge 8**
befinden	st,ins,h 39	bei|stehen	st,+dat,h,ge 157	
sich acc		bei|stimmen	wk,+dat,h,ge 4	
befohlen←befehlen		bei|tragen		st,h,ge 166
befördern	wk,ins,h 184	bei|treten	st,s,ge 169	
befragen	wk,ins,h 11	bei|wohnen		wk,h,ge 4
befreien	wk,ins,h 11	bekämpfen		wk,ins,h 11
befremden	wk,ins,h 106	bekannt←bekennen		
befriedigen	wk,ins,h 11	bekannt|geben	st,h,ge 49	
befürworten	wk,ins,h 2	beklagen		wk,ins,h 11
begann, begänne←beginnen		(sich acc)		
begeben	st,ins,h 49	bekommen	st,+dat,ins,h 81	
sich acc		beladen	st,ins,h 84	
begegnen	wk,+dat,ins,s 105	belangen		wk,ins,h 76
begehen	st,ins,h 51	belasten		wk,ins,h 2
begehren	wk,ins,h 11	(sich acc)		
begeistern	wk,ins,h 184	beleidigen		wk,ins,h 11
begießen	st,ins,h 60	belichten		wk,ins,h 2
beginnen	**st,ins,h 7**	bellen		wk,h,ge 76
beglaubigen	wk,ins,h 11	belohnen		wk,ins,h 11
begleiten	wk,ins,h 2	bemächtigen		wk,ins,h 11
begnügen	wk,ins,h 11	sich acc:+gen		
sich acc		bemerken		wk,ins,h 11
begonnen, begönne←beginnen		bemühen		wk,ins,h 11
begraben	st,ins,h 64	sich acc		
begreifen	st,ins,h 65	benachrichtigen		wk,ins,h 11
begrenzen	wk,ins,h 74	benehmen	st,ins,h 98	
begründen	wk,ins,h 106	sich acc		
begrüßen	wk,ins,h 66	beneiden		wk,ins,h 106
behalten	st,ins,h 68	benötigen		wk,ins,h 11
behandeln	wk,ins,h 69	benutzen		wk,ins,h 74
behaupten	wk,ins,h 2	benützen		wk,ins,h 74
behelfen	st,ins,h 75	beobachten		wk,ins,h 2
beherrschen	wk,ins,h 11	beraten	st,ins,h 104	
behindern	wk,ins,h 184	bereiten		wk,ins,h 109
beholfen←behelfen		bereuen		wk,ins,h 11
behüten	wk,ins,h 2	**bergen**		**st,h,ge 9**
bei|bringen	st,h,ge 22	berichten		wk,ins,h 2
beichten	wk,h,ge 2	**bersten**		**st,s,ge 10**
bei|fügen	wk,h,ge 4	berücksichtigen		wk,ins,h 11

beruhigen	*wk,ins,*h 30	betrog(en), betröge←betrügen	
(sich *acc*)		betrügen	*st,ins,*h 171
berühren	*wk,ins,*h 30	betteln	*wk,*h,ge 69
beschäftigen	*wk,ins,*h 30	beugen	*wk,*h,ge 76
(sich *acc*)		(sich *acc*)	
bescheren	*wk,ins,*h 30	beunruhigen	*wk,ins,*h 11
beschimpfen	*wk,ins,*h 30	(sich *acc*)	
beschlagnahmen	*wk,ins,*h 30	beurlauben	*wk,ins,*h 11
beschleunigen	*wk,ins,*h 30	beurteilen	*wk,ins,*h 11
beschmutzen	*wk,ins,*h 74	bevölkern	*wk,ins,*h 184
beschönigen	*wk,ins,*h 30	bevorzugen	*wk,ins,*h 11
beschränken	*wk,ins,*h 30	bewachen	*wk,ins,*h 11
(sich *acc*)		bewaffnen	*wk,ins,*h 105
beschreiben	*st,ins,*h 134	(sich *acc*)	
beschweren	*wk,ins,*h 30	bewahren	*wk,ins,*h 11
(sich *acc*)		bewähren	*wk,ins,*h 11
beschwören	*wk,ins,*h 30	sich *acc*	
besichtigen	*wk,ins,*h 30	bewältigen	*wk,ins,*h 11
besitzen	*st,ins,*h 148	bewegen	*wk,ins,*h 11
besorgen	*wk,ins,*h 30	(sich *acc*)	
besprechen	*st,ins,*h 152	**bewegen**	**st,ins,h 12**
bessern	*wk,*h,ge 184	beweisen	*st,ins,*h 188
bestätigen	*wk,ins,*h 30	(sich *acc*)	
(sich *acc*)		bewerben	*st,ins,*h 190
bestehen	*st,ins,*h 157	sich *acc*	
bestellen	**wk,ins,h 11**	bewirken	*wk,ins,*h 11
bestimmen	*wk,ins,*h 11	bewog, bewöge←bewegen	
bestrafen	*wk,ins,*h 11	bewohnen	*wk,ins,*h 11
bestreichen	*st,ins,*h 163	bewundern	*wk,ins,*h 184
bestreiten	*st,ins,*h 164	bezahlen	*wk,ins,*h 11
besuchen	*wk,ins,*h 11	bezeichnen	*wk,ins,*h 105
betäuben	*wk,ins,*h 11	beziehen	*st,ins,*h 199
beteiligen	*wk,ins,*h 11	(sich *acc*)	
beten	*wk,*h,ge 2	bezweifeln	*wk,ins,*h 69
betonen	*wk,ins,*h 11	bezwingen	*st,ins,*h 200
betrachten	*wk,ins,*h 2	**biegen**	**st,h/s,ge 13**
betreffen	*st,ins,*h 167	**bieten**	**st,h,ge 14**
betreiben	*st,ins,*h 168	bilden	*wk,*h,ge 106
betreten	*st,ins,*h 168	billigen	*wk,*h,ge 76
betreuen	*wk,ins,*h 11	bin←sein	
betrinken	*st,ins,*h 170	**binden**	**st,h,ge 15**
sich *acc*		birg, birgt←bergen	

231

birst←bersten		dar|stellen		wk,h,ge 4
biß←beißen		da|sein		st,s,ge 143
bist←sein		dauern		wk,h,ge 184
bitten	st,h,ge 16	davon|kommen		st,s,ge 81
blasen	st,h,ge 17	davon|machen		wk,h,ge 4
bläst←blasen		sich acc		
bleiben	st,s,ge 18	dazu|gehören		wk,h 76
blenden	wk,h,ge 106	ptp dazugehört		
blicken	wk,h,ge 76	decken		wk,h,ge 76
blieb←bleiben		(sich acc)		
blies←blasen		definieren		wk,h 165
blitzen	wk,h,ge 74	dehnen		wk,h,ge 76
blockieren	wk,h 165	(sich acc)		
blühen	wk,h,ge 76	delegieren		wk,h 165
bluten	wk,h,ge 2	demonstrieren		wk,h 165
bog, böge←biegen		demütigen		wk,h,ge 76
bohren	wk,h,ge 76	**denken**		mi,h,ge 23
bot, böte←bieten		denunzieren		wk,h 165
boykottieren	wk,h 165	desinfizieren		wk,h 165
brach, bräche←brechen		deuten		wk,h,ge 2
brachte, brächte←bringen		dichten		wk,h,ge 2
brannte←brennen		dienen	wk,+dat,h,ge 76	
brät←braten		diktieren		wk,h 165
braten	st,h,ge 19	diskutieren		wk,h 165
brauchen	wk,h,ge 76	dolmetschen		wk,h,ge 76
brechen	st,h/s,ge 20	donnern	wk,h/s,ge 184	
bremsen	wk,h,ge 103	dramatisieren		wk,h 165
brennen	mi,h,ge 21	drang, dränge←dringen		
briet←braten		drehen		wk,h,ge 76
bringen	mi,h,ge 22	(sich acc)		
brüllen	wk,h,ge 76	**dreschen**		st,h,ge 24
buchen	wk,h,ge 76	**dringen**		st,s,ge 25
buchstabieren	wk,h 165	drischt←dreschen		
bügeln	wk,h,ge 69	drohen	wk,+dat,h,ge 76	
bürsten	wk,h,ge 2	drosch, drösche←dreschen		
büßen	wk,h,ge 66	drosseln		wk,h,ge 69
charakterisieren	wk,h 165	drucken		wk,h,ge 76
dabei|sein	st,s,ge 143	drücken		wk,h,ge 76
dabeigewesen←dabei|sein		duften		wk,h,ge 2
dachte, dächte←denken		dulden		wk,h,ge 106
danken	wk,+dat,h,ge 76	durch|bringen		mi,h,ge 22
darf←dürfen		durcheinander|bringen	mi,h,ge 22	

durchfahren	*st,ins*,h 35	
durch|fahren	*st*,s,ge 35	
durchgebracht← durch|bringen		
durch|führen	*wk*,h,ge 4	
durch|halten	*st*,h,ge 68	
durch|kommen	*st*,s,ge 81	
durch|lesen	*st*,h,ge 89	
durchschauen	*wk,ins*,h 30	
durch|schauen	*wk*,h,ge 4	
durchsetzen	***wk,ins*,h 26**	
durch|setzen	***wk*,h,ge 27**	
(sich *acc*)		
durchsuchen	*wk,ins*,h 30	
durch|suchen	*wk*,h,ge 4	
dürfen	***mo*,h,ge 28**	
durfte← dürfen		
duschen	*wk*,h,ge 76	
(sich *acc*)		
ehren	*wk*,h,ge 105	
eignen	*wk*,h,ge 105	
(sich *acc*)		
eilen	*wk*,s,ge 76	
ein|arbeiten	*wk*,h,ge 2	
(sich *acc*)		
ein|atmen	*wk*,h,ge 3	
ein|beziehen	*st*,h 199	
ptp einbezogen		
ein|bilden	*wk*,h,ge 106	
sich *dat*		
ein|brechen	*st*,h/s,ge 20	
ein|bringen	*mi*,h,ge 22	
ein|bürgern	*wk*,h,ge 184	
(sich *acc*)		
ein|dringen	*st*,s,ge 25	
ein|fallen	*st*,+*dat*,s,ge 36	
ein|fließen	*st*,s,ge 43	
ein|fühlen	*wk*,h,ge 4	
sich *acc*		
ein|führen	*wk*,h,ge 4	
eingebracht←ein|bringen		
eingebrochen←ein|brechen		
eingegriffen←ein|greifen		

eingenommen←ein|nehmen		
eingeschnitten←ein|schneiden		
eingestanden←ein|stehen		
ein|gestehen	*st*,h 157	
ptp eingestanden		
eingetroffen←ein|treffen		
ein|greifen	*st*,h,ge 65	
ein|halten	*st*,h,ge 68	
ein|hängen	*wk*,h,ge 70	
einigen	*wk*,h,ge 76	
ein|kaufen	*wk*,h,ge 4	
ein|laden	*st*,h,ge 84	
ein|lassen	*st*,h,ge 85	
(sich *acc*)		
ein|laufen	*st*,s,ge 86	
ein|leben	*wk*,h,ge 4	
ein|leiten	*wk*,h,ge 2	
ein|mischen	*wk*,h,ge 4	
sich *acc*		
ein|nehmen	*st*,h,ge 98	
ein|ordnen	*wk*,h,ge 105	
(sich *acc*)		
ein|reden	*wk*,h,ge 106	
ein|richten	*wk*,h,ge 2	
(sich *acc*)		
ein|schalten	*wk*,h,ge 2	
(sich *acc*)		
ein|schenken	*wk*,h,ge 4	
ein|schlafen	*st*,s,ge 125	
ein|schließen	*st*,h,ge 124	
ein|schränken	*wk*,h,ge 4	
(sich *acc*)		
ein|schüchtern	*wk*,h,ge 184	
ein|sehen	*st*,h,ge 142	
ein|setzen	*wk*,h,ge 74	
(sich *acc*)		
ein|sperren	*wk*,h,ge 4	
ein|stehen	*st*,s,ge 157	
ein|steigen	*st*,s,ge 159	
ein|stellen	*wk*,h,ge 4	
(sich *acc*)		

ein|stürzen	*wk,s,*ge 74
ein|teilen	*wk,*h,ge 4
ein|tragen	*st,*h,ge 166
(sich *acc*)	
ein|treffen	*st,s,*ge 167
ein|treten	*st,s,*ge 169
ein|wandern	*wk,s,*ge 184
ein|weichen	*st,*h,ge 187
ein|weihen	*wk,*h,ge 4
ein|wenden	*mi,*h,ge 106
ein|willigen	*wk,*h,ge 4
ein|ziehen	*st,*h/s,ge 199
ekeln	*wk,*h,ge 69
(sich *acc*)	
empfahl, empfähle← empfehlen	
empfangen	*st,ins,*h 37
empfehlen	***st,ins,*h 29**
empfiehlst, empfiehlt←	
empfehlen	
empfinden	*st,ins,*h 39
empfohlen← empfehlen	
empfunden← empfinden	
empören	*wk,ins,*h 30
(sich *acc*)	
empor|kommen	*st,s,*ge 81
enden	*wk,*h,ge 106
entbehren	*wk,ins,*h,+*gen,*h 30
entbinden	*st,ins,*h 15
entblößen	*wk,ins,*h 30
entbunden← entbinden	
entdecken	***wk,ins,*h 30**
entfallen	*st,ins,*h 36
entfernen	*wk,ins,*h 30
(sich *acc*)	
entführen	*wk,ins,*h 30
entgegen|kommen	*st,s,*ge 81
enthalten	*st,ins,*h 68
entkommen	*st,ins,s* 81
entlassen	*st,ins,*h 85
entlaufen	*st,ins,s* 86
entledigen	*wk,ins,*h 30
(sich *acc*)	

entleihen	*st,ins,*h 88
entmutigen	*wk,ins,*h 30
entnehmen	*st,ins,*h 98
entnommen← entnehmen	
entreißen	*st,ins,*h 108
entrissen← entreißen	
entscheiden	*st,ins,*h 119
entschieden← entscheiden	
entschließen	*st,ins,*h 129
sich *acc*	
entschlossen← entschließen	
entschuldigen	*wk,ins,*h 30
(sich *acc*)	
entspannen	*wk,ins,*h 30
(sich *acc*)	
entsprechen	*st,ins,*+*dat* 152
entsprochen← entsprechen	
entstand, entstanden← entstehen	
entstehen	*st,ins,s* 157
enttäuschen	*wk,ins,*h 30
entwickeln	*wk,ins,*h 69
(sich *acc*)	
entziehen	*st,ins,*h 199
(sich *acc*)	
entzog, entzogen← entziehen	
erarbeiten	*wk,ins,*h 2
erben	*wk,*h,ge 76
erdulden	*wk,ins,*h 106
ereignen	*wk,ins,*h 105
sich *acc*	
erfahren	*st,ins,*h 35
erfand← erfinden	
erfassen	*wk,ins,*h 66
erfinden	*st,ins,*h 39, 29
erfordern	*wk,ins,*h 184, 33
erforschen	*wk,ins,*h 33
erfrieren	*st,ins,s* 46, 29
erfror, erfroren← erfrieren	
erfuhr← erfahren	
erfunden← erfinden	
ergab← ergeben	
ergangen, erging← ergehen	

234

ergänzen	*wk,ins*,h 74	erregen	*wk,ins*,h 33
(sich *acc*)		(sich *acc*)	
ergeben	*st,ins*,h 49	erreichen	*wk,ins*,h 33
(sich *acc*)		errichten	*wk,ins*,h 2
ergehen	*st,ins*,s 51	erröten	*wk,ins*,s 2
ergreifen	*st,ins*,h 65	erscheißen	*st,ins*,h 120
ergriff, ergriffen← ergreifen		erscheinen	*st,ins*,s 120
erhalten	*st,ins*,h 68	erschossen← erschießen	
erheben	*st,ins*,h 72	erschrak, erschräke ←	
(sich *acc*)		erschrecken	
erholen	*wk,ins*,h 33	erschrecken	*st,ins*,s 32
sich *acc*		**erschrecken**	**wk,ins,h 32**
erinnern	*wk,ins*,h 184	erschrickt, erschrocken←	
(sich *acc:+gen*)		erschrecken	
erkälten	*wk,ins*,h 2	erstaunen	*wk,ins*,h/s 33
sich *acc*		ersticken	*wk,ins*,h/s 33
erkannte, erkannt← erkennen		erteilen	*wk,ins*,h 33
erkennen	*mi,ins*,h 77	ertragen	*st,ins*,h 166
erklären	*wk,ins*,h 33	ertrug← ertragen	
erklimmen	*st,ins*,h 78	erwachen	*wk,ins*,s 33
erklomm, erklommen←		erwähnen	*wk,ins*,h 33
erklimmen		erwarten	*wk,ins*,h 2
erkundigen	*wk,ins*,h 33	**erzählen**	**wk,ins,h 33**
sich *acc*		erzeugen	*wk,ins*,h 33
erlauben	*wk,ins*,h 33	**essen**	**st,h,ge 34**
erleben	*wk,ins*,h 33	fabrizieren	*wk*,h 165
erledigen	*wk,ins*,h 33	**fahren**	**st,h/s,ge 35**
erlernen	*wk,ins*,h 33	fährt← fahren	
erlischt, erlosch← erlöschen		**fallen**	**st,s,ge 36**
erlöschen	**st,ins,s 31**	fällst, fällt← fallen	
ermahnen	*wk,ins*,h 33	falten	*wk*,h,ge 2
ermitteln	*wk,ins*,h 69	fand, fände← finden	
ermorden	*wk,ins*,h 106	**fangen**	**st,h,ge 37**
ernähren	*wk,ins*,h 33	fängt← fangen	
(sich *acc*)		färben	*wk*,h,ge 76
ernannte, ernannt← ernennen		(sich *acc*)	
ernennen	*mi,ins*,h 99	fassen	*wk*,h,ge 66
erneuern	*wk,ins*,h 184	faulenzen	*wk*,h,ge 74
ernten	*wk*,h,ge 2	faxen	*wk*,h,ge 74
erobern	*wk,ins*,h 184	**fechten**	**st,h,ge 38**
eröffnen	*wk,ins*,h 105	fehlen	*wk,+dat*,h,ge 76
erörtern	*wk,ins*,h 184	feiern	*wk*,h,ge 184

235

fern|sehen	*st*,h,ge 142	frühstücken		*wk*,h,ge 76
fertigen	*wk*,h,ge 76	fühlen		*wk*,h,ge 76
fest|halten	*st*,h,ge 68	(sich *acc*)		
fest|stellen	*wk*,h,ge 4	fuhr, führe← fahren		
fichst, ficht← fechten		führen		*wk*,h,ge 76
fiel← fallen		füllen		*wk*,h,ge 76
filmen	*wk*,h,ge 76	fürchten		*wk*,h,ge 2
finden	**st,h,ge 39**	füttern		*wk*,h,ge 184
fing← fangen		gab, gäbe← geben		
fischen	*wk*,h,ge 76	gähnen		*wk*,h,ge 76
flechten	**st,h,ge 40**	galt, gälte← gelten		
flichst, flicht← flechten		garantieren		*wk*,h 165
fliegen	**st,h/s,ge 41**	**gären**		**st,h/s,ge 47**
fliehen	**st,s,ge 42**	gebar, gebäre← gebären		
fließen	**st,h,ge 43**	**gebären**		**st,h 48**
flocht, flöchte← flechten		**geben**		**st,h,ge 49**
flog, flöge← fliegen		gebeten← bitten		
floh, flöhe← fliehen		gebissen← beißen		
floß, flösse← fließen		geblichen← bleichen		
flüstern	*wk*,h,ge 184	geblieben← bleiben		
focht, föchte← fechten		gebogen← biegen		
folgen	*wk*,+*dat*,h,ge 76	geboren← gebären		
foltern	*wk*,h,ge 184	geborgen← bergen		
fordern	*wk*,h,ge 184	geborsten← bersten		
fördern	*wk*,h,ge 184	geboten← bieten		
forschen	*wk*,h,ge 76	gebracht← bringen		
fort|führen	*wk*,h,ge 4	gebrannt← brennen		
fort|laufen	*st*,s,ge 86	**gebrauchen**		*wk*,*ins*,h 52
fort|pflanzen	*wk*,h,ge 74	gebrochen← brechen		
sich *acc*		gebunden← binden		
fort|setzen	*wk*,h,ge 76	gedacht← denken		
fotografieren	*wk*,h 165	**gedeihen**		**st,ins,s 50**
fragen	*wk*,h,ge 76	gedieh, gediehen← gedeihen		
fraß, fräße← fressen		gedroschen← dreschen		
freigesprochen← frei|sprechen		gedrungen← dringen		
frei|sprechen	*st*,h,ge 152	gedurft← dürfen		
fressen	**st,h,ge 44**	**gefallen**		*st*,*ins*,+*dat*,h 36
freuen	**wk,h,ge 45**	geflochten← flechten		
sich *acc*		geflogen← fliegen		
frieren	**st,h/s,ge 46**	geflohen← fliehen		
frißt← fressen		geflossen← fließen		
fror, fröre← frieren		gefochten← fechten		

gefrieren *st,ins,*s 46	gepriesen← preisen
gefroren← frieren, gefrieren	gequollen← quellen
gefunden← finden	gerannt← rennen
gegangen← gehen	**geraten** *st,ins,* + *dat,*s 57
gegessen← essen	gerieben← reiben
geglichen← gleichen	gerissen← reißen
geglitten← gleiten	geritten← reiten
geglommen← glimmen	gerochen← riechen
gegolten← gelten	gerungen← ringen
gegossen← gießen	gesandt← senden
gegriffen← greifen	geschah, geschähe← geschehen
gehen *st,*s,ge 51	**geschehen** *st,ins,*s 58
gehoben← heben	geschieden← scheiden
geholfen← helfen	geschieht← geschehen
gehorchen *wk,ins,* + *dat,*h 52	geschienen← scheinen
gehören *wk,ins,* + *dat,*h 26	geschlichen← schleichen
gekannt← kennen	geschliffen← schleifen
geklommen← klimmen	geschlossen← schließen
geklungen← klingen	geschlungen← schlingen
gekniffen← kneifen	geschmissen← schmeißen
gekonnt← können	geschmolzen← schmelzen
gekrochen← kriechen	geschnitten← schneiden
gelang, gelänge← gelingen	geschoben← schieben
gelangen *wk,ins,*s 52	gescholten← schelten
gelegen← liegen	geschoren← scheren
geliehen← leihen	geschossen← schießen
gelingen *st,ins,* + *dat,*s 53	geschrieben← schreiben
gelitten← leiden	geschrie(e)n← schreien
gelogen← lügen	geschritten← schreiten
gelten *st,*h,ge 54	geschwiegen← schweigen
gelungen← gelingen	geschwollen← schwellen
gemieden← meiden	geschwommen← schwimmen
gemocht← mögen	geschworen← schwören
gemußt← müssen	geschwunden← schwinden
genannt← nennen	geschwungen← schwingen
genas, genäse← genesen	gesessen← sitzen
genesen *st,ins,*s 55	gesoffen← saufen
genießen *st,ins,*h 56	gesogen← saugen
genommen← nehmen	gesonnen← sinnen
genoß, genösse← genießen	gespie(e)n← speien
genügen *wk,ins,* + *dat,*h 52	gesponnen← spinnen
gepfiffen← pfeifen	gesprochen← sprechen

gesprossen← sprießen	
gesprungen← springen	
gestanden← stehen	
gestatten *wk,ins,*h 2	
gestiegen← steigen	
gestochen← stechen	
gestohlen← stehlen	
gestorben← sterben	
gestoßen← stoßen	
gestrichen← streichen	
gestritten← streiten	
gestunken← stinken	
gesungen← singen	
gesunken← sinken	
getan← tun	
getragen← tragen	
getrieben← treiben	
getroffen← treffen	
getrunken← trinken	
gewandt← wenden	
gewann, gewänne← gewinnen	
gewesen← sein	
gewichen← weichen	
gewiesen← weisen	
gewinnen *st,ins,*h 59	
gewogen← wiegen	
gewöhnen *wk,ins,*h 52	
(sich *acc*)	
gewonnen, gewönne← gewinnen	
geworben← werben	
geworden← werden	
geworfen← werfen	
gewunden← winden	
gewußt← wissen	
gezogen← ziehen	
gezwungen← zwingen	
gib, gibt← geben	
gießen *st,*h,ge 60	
gilt← gelten	
ging← gehen	
glänzen *wk,*h,ge 74	
glauben *wk,*h,ge 76	

gleichen *st,* + *dat,*h,ge 61	
gleiten *st,s,*ge 62	
glich← gleichen	
glimmen *st,*h,ge 63	
glitt← gleiten	
glomm, glömme← glimmen	
glühen *wk,*h,ge 76	
goß, gösse← gießen	
graben *st,*h,ge 64	
gräbt← graben	
gratulieren *wk,* + *dat,*h 165	
greifen *st,*h,ge 65	
griff← greifen	
grenzen *wk,*h,ge 74	
grub, grübe← graben	
grüßen ***wk,*h,ge 66**	
gucken *wk,*h,ge 76	
gut|tun *st,*h,ge 172	
haben *st,*h,ge 67	
haften *wk,*h,ge 2	
häkeln *wk,*h,ge 69	
half, hälfe← helfen	
hält← halten	
halten *st,*h,ge 68	
(sich *acc*)	
hämmern *wk,*h,ge 184	
handeln ***wk,*h,ge 69**	
hängen *st,*h,ge 70	
hängen *wk,*h,ge 70	
hassen *wk,*h,ge 66	
hauen *st,*h,ge 71	
heben *st,*h,ge 72	
heilen *wk,*h,ge 76	
heim|kehren *wk,s,*ge 4	
heiraten *wk,*h,ge 2	
heißen *st,*h,ge 73	
heizen ***wk,*h,ge 74**	
helfen *st,* + *dat,*h,ge 75	
heran|fahren *st,s,*ge 35	
heran|fordern *wk,*h,ge 184	
heraus|geben *st,*h,ge 49	
heraus|stellen *wk,*h,ge 4	

238

her|geben	*st*,h,ge 49	hoffen	*wk*.h,ge 76
herrschen	*wk*,h,ge 76	**holen**	***wk*,h,ge 76**
her|stellen	*wk*,h,ge 4	holpern	*wk*,s,ge 184
herumgegangen← herum|gehen		horchen	*wk*,h,ge 76
herum|gehen	*st*,s,ge 51	hören	*wk*,h,ge 76
hervorgegangen← hervor|gehen		hungern	*wk*,h,ge 184
hervor|gehen	*st*,s,ge 51	(sich *acc*)	
hervor|rufen	*st*,h,ge 114	hüpfen	*wk*,s,ge 76
hervor|treten	*st*,s,ge 169	husten	*wk*,h,ge 2
hetzen	*wk*,h,ge 74	hüten	*wk*,h,ge 2
heucheln	*wk*,h,ge 69	(sich *acc*)	
heulen	*wk*,h,ge 76	identifizieren	*wk*,h 165
hieb← hauen		(sich *acc*)	
hielt← halten		ignorieren	*wk*,h 165
hieß← heißen		imitieren	*wk*,h 165
hilfst, hilft← helfen		impfen	*wk*,h,ge 76
hinaus|fahren	*st*,s,ge 35	informieren	*wk*,h 165
hinausgegangen← hinaus|gehen		(sich *acc*)	
hinaus|gehen	*st*,s,ge 51	inne|haben	*st*,h,ge 67
hinausgeworfen← hinaus|werfen		inspirieren	*wk*,h 165
hinaus|werfen	*st*,h,ge 192	inszenieren	*wk*,h 165
hindern	*wk*,h,ge 184	interessieren	*wk*,h 165
hin|fallen	*st*,s,ge 36	(sich *acc*)	
hin|führen	*wk*,h,ge 4	interviewen	*wk*,h 30
hing← hängen		investieren	*wk*,h 165
hin|geben	*st*,h,ge 49	irre|führen	*wk*,h,ge 4
(sich *acc*)		irren	*wk*,h,ge 45
hingenommen← hin|nehmen		(sich *acc*)	
hingewiesen← hin|weisen		ißt← essen	
hinken	*wk*,h/s,ge 76	ist← sein	
hin|kommen	*st*,s,ge 81	jagen	*wk*,h,ge 76
hin|kriegen	*wk*,h,ge 4	jammern	*wk*,h,ge 184
hin|legen	*wk*,h,ge 4	jubeln	*wk*,h,ge 69
hin|nehmen	*st*,h,ge 98	jucken	*wk*,h,ge 76
hinter|lassen	*st*,h,ge 85	kalkulieren	*wk*,h 165
hinweg|setzen	*wk*,h/s,ge 74	kam, käme← kommen	
(sich *acc*)		kämmen	*wk*,h,ge 76
hin|weisen	*st*,h,ge 188	(sich *acc*)	
hinzu|fügen	*wk*,h,ge 4	kämpfen	*wk*,h,ge 76
hob← heben		kann, kannst← können	
hocken	*wk*,h,ge 76	kannte← kennen	
(sich *acc*)		kapieren	*wk*,h 165

kassieren	*wk*,h 165	kopieren	*wk*,h 165
kauen	*wk*,h,ge 76	korrespondieren	*wk*,h 165
kaufen	*wk*,h,ge 76	korrigieren	*wk*,h 165
kehren	*wk*,h,ge 76	kosten	*wk*,h,ge 2
(sich *acc*)		krähen	*wk*,h,ge 76
keimen	*wk*,h,ge 76	kranken	*wk*,h,ge 76
kennen	**mi,h,ge 77**	kränken	*wk*,h,ge 76
kennen|lernen	*wk*,h,ge 4	kratzen	*wk*,h,ge 74
kennzeichnen	*wk*,h,ge 105	kreisen	*wk*,h/s,ge 103
keuchen	*wk*,h,ge 76	kreuzen	*wk*,h,ge 74
kichern	*wk*,h,ge 184	**kriechen**	**st,s,ge 83**
kitzeln	*wk*,h,ge 69	kriegen	*wk*,h,ge 76
klagen	*wk*,h,ge 76	kritisieren	*wk*,h 165
klar|machen	*wk*,h,ge 4	kroch, kröche← kriechen	
klatschen	*wk*,h,ge 76	kühlen	*wk*,h,ge 76
klauen	*wk*,h,ge 76	kultivieren	*wk*,h 165
kleben	*wk*,h,ge 76	kümmern	*wk*,h,ge 76
kleiden	*wk*,h,ge 106	(sich *acc*)	
klettern	*wk*,h,ge 184	kürzen	*wk*,h,ge 74
klimmen	**st,s,ge 78**	küssen	*wk*,h,ge 66
klingeln	*wk*,h,ge 69	lächeln	*wk*,h,ge 69
klingen	**st,h,ge 79**	lachen	*wk*,h,ge 76
klomm, klömme← klimmen		**laden**	**st,h,ge 84**
klopfen	*wk*,h,ge 76	lädt← laden	
knabbern	*wk*,h,ge 184	lag, läge← liegen	
knallen	*wk*,h,ge 76	lagern	*wk*,h,ge 184
kneifen	**st,h,ge 80**	(sich *acc*)	
knien	*wk*,h,ge 76	lähmen	*wk*,h,ge 76
kniff← kneifen		landen	*wk*,s,ge 106
knistern	*wk*,h,ge 184	langweilen	*wk*,h,ge 76
knoten	*wk*,h,ge 2	(sich *acc*)	
knüpfen	*wk*,h,ge 76	las, läse← lesen	
kochen	*wk*,h,ge 76	**lassen**	**st,h,ge 85**
kommandieren	*wk*,h 165	läßt← lassen	
kommen	**st,s,ge 81**	**laufen**	**st,s,ge 86**
kommentieren	*wk*,h 165	lauschen	*wk*,h,ge 76
konfrontieren	*wk*,h 165	leben	*wk*,h,ge 76
können	**mo,h,ge 82**	lecken	*wk*,h,ge 76
konnte, könnte← können		leeren	*wk*,h,ge 76
kontrollieren	*wk*,h 165	legen	*wk*,h,ge 76
konzentrieren	*wk*,h 165	lehnen	*wk*,h,ge 76
(sich *acc*)		(sich *acc*)	

lehren	wk,h,ge 76		merken	wk,h,ge 76
leiden	**st,h,ge 87**		(sich dat)	
leihen	**st,h,ge 88**		**messen**	**st,h,ge 94**
leisten	wk,h,ge 2		mied←meiden	
leiten	wk,h,ge 2		mieten	wk,h,ge 2
lenken	wk,h,ge 76		mildern	wk,h,ge 184
lernen	wk,h,ge 76		mischen	wk,h,ge 76
lesen	**st,h,ge 89**		mißbilligen	wk,ins,h 95
leuchten	wk,h,ge 2		mißbrauchen	wk,ins,h 95
leugnen	wk,h,ge 105		missen	wk,h,ge 66
lieben	wk,h,ge 76		mißlingen	st,ins,s 53
lief←laufen			mißt←messen	
liefern	wk,h,ge 184		**mißtrauen**	**wk,ins,+dat,h 95**
liegen	**st,h,ge 90**		mißverstanden←mißverstehen	
lieh←leihen			mißverstehen	st,ins,h 157
liest←lesen			mit|bekommen	st,h 81
ließ←lassen			*ptp* mitbekommen	
lischt←löschen			mit|bringen	mi,h,ge 22
litt←leiden			mit|fahren	st,s,ge 35
loben	wk,h,ge 76		mitgebracht←mit|bringen	
locken	wk,h,ge 76		mitgegangen←mit|gehen	
lockern	wk,h,ge 184		mit|gehen	st,s,ge 51
log, löge←lügen			mitgenommen←mit|nehmen	
lohnen	wk,h,ge 76		mit|kommen	st,s,ge 81
löschen	wk,h,ge 76		mit|nehmen	st,h,ge 98
lud, lüde←laden			mit|teilen	wk,h,ge 4
lüften	wk,h,ge 2		mit|wirken	wk,h,ge 4
lügen	**st,h,ge 91**		möblieren	wk,h 165
lutschen	wk,h,ge 76		**mögen**	**mo,h,ge 96**
machen	wk,h,ge 76		mokieren	wk,h 165
mag←mögen			sich *acc*	
mähen	wk,h,ge 76		münden	wk,s,ge 106
mahlen	**st,h,ge 92**		murmeln	wk,h,ge 69
malen	wk,h,ge 76		**müssen**	**mo,h,ge 97**
marschieren	wk,h 165		muß(te)←müssen	
martern	wk,h,ge 184		nach|ahmen	wk,h,ge 4
maß←messen			nach|denken	mi,h,ge 23
meckern	wk,h,ge 184		nach|fragen	wk,h,ge 4
meiden	**st,h,ge 93**		nach|geben	st,h,ge 49
meinen	wk,h,ge 76		nachgegangen←nach|gehen	
meistern	wk,h,ge 184		nach|gehen	st,s,ge 51
melden	wk,h,ge 106		nachgesandt←nach|senden	

241

nachgewiesen←nach|weisen		passieren	*wk*,s 165
nach|holen	*wk*,h,ge 4	pendeln	*wk*,h/s,ge 69
nach|lassen	*st*,h,ge 85	pfeffern	*wk*,h,ge 184
nach|machen	*wk*,h,ge 4	**pfeifen**	***st*,h,ge 100**
nach|prüfen	*wk*,h,ge 4	pfiff←pfeifen	
nach|sehen	*st*,h,ge 142	pflanzen	*wk*,h,ge 74
nach|senden	*mi*,h,ge 144	pflastern	*wk*,h,ge 184
nach|weisen	*st*,h,ge 188	pflegen	*wk*,h,ge 76
nach|zahlen	*wk*,h,ge 4	pflücken	*wk*,h,ge 76
nähen	*wk*,h,ge 76	photographieren	*wk*,h 165
nähern	*wk*,+*dat*,h,ge 184	pilgern	*wk*,s,ge 184
(sich *acc*)		plädieren	*wk*,h 165
nahm, nähme←nehmen		plagen	*wk*,h,ge 76
nähren	*wk*,h,ge 76	(sich *acc*)	
(sich *acc*)		planen	*wk*,h,ge 76
nannte←nennen		platzen	*wk*,s,ge 74
nehmen	***st*,h,ge 98**	plaudern	*wk*,h,ge 184
neiden	*wk*,h,ge 106	plündern	*wk*,h,ge 184
neigen	*wk*,h,ge 76	polstern	*wk*,h,ge 184
nennen	***mi*,h,ge 99**	prahlen	*wk*,h,ge 76
nicken	*wk*,h,ge 76	praktizieren	*wk*,h 165
niesen	*wk*,h,ge 103	präsentieren	*wk*,h 165
nimmst, nimmt←nehmen		predigen	*wk*,h,ge 76
nominieren	*wk*,h 165	**preisen**	***st*,h,ge 101**
nörgeln	*wk*,h,ge 69	pressen	*wk*,h,ge 66
nötigen	*wk*,h,ge 76	pries←preisen	
nutzen	*wk*,h,ge 74	proben	*wk*,h,ge 76
nützen	*wk*,h,ge 74	produzieren	*wk*,h 165
offenbaren	*wk*,h,ge 76	profitieren	*wk*,h 165
öffnen	*wk*,h,ge 105	prophezeien	*wk*,h 165
ohrfeigen	*wk*,h,ge 76	protestieren	*wk*,h 165
ölen	*wk*,h,ge 76	prüfen	*wk*,h,ge 76
opfern	*wk*,h,ge 184	prügeln	*wk*,h,ge 69
(sich *acc*)		(sich *acc*)	
ordnen	*wk*,h,ge 105	pudern	*wk*,h,ge 184
orientieren	*wk*,h 165	pumpen	*wk*,h,ge 76
(sich *acc*)		putschen	*wk*,h,ge 76
paaren	*wk*,h,ge 76	putzen	*wk*,h,ge 74
(sich *acc*)		quälen	*wk*,h,ge 76
packen	*wk*,h,ge 76	(sich *acc*)	
parken	*wk*,h,ge 76	qualifizieren	*wk*,h 165
passen	*wk*,+*dat*,h,ge 66	sich *acc*	

242

quatschen	*wk*,h,ge 76	reparieren	*wk*,h 165
quellen	***st*,s,ge 102**	reservieren	*wk*,h 165
quietschen	*wk*,h,ge 76	resultieren	*wk*,h 165
quillst, quillt←quellen		retten	*wk*,h,ge 2
quoll, quölle←quellen		richten	*wk*,h,ge 2
rächen	*wk*,h,ge 76	(sich *acc*)	
(sich *acc*)		rieb←reiben	
rad|fahren	*st*,s,ge 35	riechen	***st*,h,ge 111**
rang, ränge←ringen		rief←rufen	
rann, ränne←rinnen		riet←raten	
rannte←rennen		**ringen**	***st*,h,ge 112**
rasen	***wk*,s,ge 103**	**rinnen**	***st*,s,ge 113**
rasieren	*wk*,h 165	riskieren	*wk*,h 165
rät←raten		riß, risse←reißen	
raten	***st*,h,ge 104**	roch, röche←riechen	
rätseln	*wk*,h,ge 69	rodeln	*wk*,h/s,ge 69
rauben	*wk*,h,ge 76	rollen	*wk*,h/s,ge 76
rauchen	*wk*,h,ge 76	röntgen	*wk*,h,ge 106
räuchern	*wk*,h,ge 184	rosten	*wk*,h/s,ge 2
räuspern	*wk*,h,ge 184	rücken	*wk*,s,ge 76
sich *acc*		**rufen**	***st*,h,ge 114**
reagieren	*wk*,h 165	ruhen	*wk*,h,ge 76
rechnen	***wk*,h,ge 105**	rühmen	*wk*,h,ge 76
rechtfertigen	*wk*,h,ge 76	(sich *acc*:+*gen*)	
reden	***wk*,h,ge 106**	rühren	*wk*,h,ge 76
referieren	*wk*,h 165	(sich *acc*)	
reformieren	*wk*,h 165	runzeln	*wk*,h,ge 69
regeln	*wk*,h,ge 69	rutschen	*wk*,s,ge 76
regen	*wk*,h,ge 76	sagen	*wk*,h,ge 76
(sich *acc*)		sah, sähe←sehen	
regieren	*wk*,h 165	salzen	*st*,h,ge 92
regnen	*wk*,h,ge 105	sammeln	*wk*,h,ge 69
reiben	***st*,h,ge 107**	sandte←senden	
reichen	*wk*,h,ge 76	sang, sänge←singen	
reifen	*wk*,s,ge 76	sank, sänke←sinken	
reimen	*wk*,h,ge 76	sann, sänne←sinnen	
reinigen	*wk*,h,ge 76	saß, säße←sitzen	
reisen	*wk*,s,ge 103	satteln	*wk*,h,ge 69
reißen	***st*,h,ge 108**	sättigen	*wk*,h,ge 76
reiten	***st*,h/s,ge 109**	säubern	*wk*,h,ge 184
reizen	*wk*,h,ge 74	**saufen**	***st*,h,ge 115**
rennen	***mi*,s,ge 110**	saugen	***st*,h,ge 116**

säumen	*wk*,h,ge 76	schlendern	*wk*,s,ge 184
schaden	*wk*,+*dat*,h,ge 106	schleudern	*wk*,h/s,ge 184
schaffen	***st*,h,ge 117**	schlich←schleichen	
schaffen	*wk*,h,ge 76	schlief, schliefe←schlafen	
schälen	*wk*,h,ge 76	**schließen**	***st*,h,ge 129**
schallen	***st*,h,ge 118**	schliff←schleifen	
schalt←schelten		**schlingen**	***st*,h,ge 130**
schalten	*wk*,h,ge 2	schloß, schlösse←schließen	
schämen	*wk*,+*gen*,h,ge 45	schluchzen	*wk*,h,ge 74
sich *acc*:+*gen*		schlug, schlüge←schlagen	
schärfen	*wk*,h,ge 76	schlüpfen	*wk*,s,ge 74
schätzen	*wk*,h,ge 74	schmachten	*wk*,h,ge 2
schauen	*wk*,h,ge 76	schmecken	*wk*,+*dat*,h,ge 74
schaukeln	*wk*,h,ge 69	schmeicheln	*wk*,+*dat*,h,ge 69
schäumen	*wk*,h,ge 76	**schmeißen**	***st*,h,ge 131**
scheiden	***st*,h/s,ge 119**	**schmelzen**	***st*,h,ge 132**
scheinen	***st*,h,ge 120**	schmerzen	*wk*,h,ge 74
scheitern	*wk*,s,ge 184	schmieden	*wk*,h,ge 106
schelten	***st*,h,ge 121**	schmilzt←schmelzen	
schenken	*wk*,h,ge 76	schminken	*wk*,h,ge 76
scheren	***st*,h,ge 122**	(sich *acc*)	
scheuen	*wk*,h,ge 76	schmiß, schmisse←schmeißen	
(sich *acc*)		schmolz, schmölze←schmelzen	
schicken	*wk*,h,ge 76	schmuggeln	*wk*,h,ge 69
schieben	***st*,h,ge 123**	schmutzen	*wk*,h,ge 74
schied←scheiden		schnarchen	*wk*,h,ge 76
schien←scheinen		**schneiden**	***st*,h,ge 133**
schießen	***st*,h,ge 124**	schneidern	*wk*,h,ge 184
schildern	*wk*,h,ge 184	schneien	*wk*,h/s,ge 76
schiltst, schilt←schelten		schneuzen	*wk*,h,ge 74
schimmeln	*wk*,h,ge 69	sich *acc*	
schimpfen	*wk*,h,ge 76	schnitt(e)←schneiden	
schlachten	*wk*,h,ge 2	schnuppern	*wk*,h,ge 184
schlafen	***st*,h,ge 125**	schob, schöbe←schieben	
schläft←schlafen		scholl, schölle←schallen	
schlagen	***st*,h,ge 126**	schölte←schelten	
schlägt←schlagen		schonen	*wk*,h,ge 76
schlang, schlänge←schlingen		(sich *acc*)	
schlängeln	*wk*,h,ge 69	schöpfen	*wk*,h,ge 76
sich *acc*		schor, schöre←scheren	
schleichen	***st*,s,ge 127**	schoß, schösse←schießen	
schleifen	***st*,h,ge 128**	schrauben	*wk*,h,ge 76

schreiben	*st*,h,ge 134	**sein**	**_st_,s,ge 143**
schreien	**_st_,h,ge 135**	**senden**	**_mi_,h,ge 144**
schreiten	**_st_,s,ge 136**	senken	*wk*,h,ge 76
schrie(e)←schreien		servieren	*wk*,h 165
schrieb(e)←schreiben		setzen	*wk*,h,ge 74
schritt←schreiten		sich *acc*	
schubsen	*wk*,h,ge 103	seufzen	*wk*,h,ge 74
schuf, schüfe←schaffen		sichern	*wk*,h,ge 184
schulden	*wk*,h,ge 106	sich *acc*	
schulen	*wk*,h,ge 76	siegen	*wk*,h,ge 76
schütteln	*wk*,h,ge 69	siehst, sieht←sehen	
schütten	*wk*,h,ge 2	**singen**	**_st_,h,ge 145**
schützen	*wk*,h,ge 74	**sinken**	**_st_,h,ge 146**
schwächen	*wk*,h,ge 76	**sinnen**	**_st_,h,ge 147**
schwamm←schwimmen		**sitzen**	**_st_,h,ge 148**
schwand, schwände←		sitzen|bleiben	*st*,s,ge 18
schwinden		ski|fahren	*st*,s,ge 35
schwang, schwänge←schwingen		soff, söffe←saufen	
schwanken	*wk*,h,ge 76	sog, söge←saugen	
schwänzen	*wk*,h,ge 74	**sollen**	**_mo_,h,ge 149**
schwärmen	*wk*,h,ge 76	sonnen	*wk*,h,ge 45
schwatzen	*wk*,h,ge 74	sich *acc*	
schweben	*wk*,h/s,ge 76	sorgen	*wk*,h,ge 76
schweigen	**_st_,h,ge 137**	(sich *acc*)	
schwellen	**_st_,s,ge 138**	spann←spinnen	
schwieg(e)←schweigen		spannen	*wk*,h,ge 76
schwillst, schwillt←schwellen		sparen	*wk*,h,ge 76
schwimmen	**_st_,s,ge 139**	spazieren|gehen	*st*,s,ge 51
schwindeln	*wk*,h,ge 69	**speien**	**_st_,h,ge 150**
schwinden	*st*,s,ge 180	speisen	*wk*,h,ge 74
schwingen	**_st_,h,ge 140**	spenden	*wk*,h,ge 106
schwitzen	*wk*,h,ge 74	sperren	*wk*,h,ge 76
schwoll, schwölle←schwellen		spie(e)←speien	
schwor←schwören		spielen	*wk*,h,ge 76
schwören	**_st_,h,ge 141**	**spinnen**	**_st_,h,ge 151**
schwüre←schwören		spönne←spinnen	
segeln	*wk*,h/s,ge 69	spotten	*wk*,h,ge 2
segnen	*wk*,h,ge 105	sprach, spräche←sprechen	
sehen	**_st_,h,ge 142**	sprang, spränge←springen	
sehnen	*wk*,h,ge 76	**sprechen**	**_st_,h,ge 152**
sich *acc*		sprengen	*wk*,h,ge 76
seid←sein			

sprichst, spricht← sprechen		stoßen	**st,h/s,ge 162**
sprießen	**st,s,ge 153**	stößt← stoßen	
springen	**st,s,ge 154**	strafen	wk,h,ge 76
spritzen	wk,h,ge 74	strahlen	wk,h,ge 76
sproß, sprösse← sprießen		streben	wk,h,ge 76
sprudeln	wk,h/s,ge 69	**streichen**	**st,h/s,ge 163**
spucken	wk,h,ge 76	streifen	wk,h/s,ge 76
spülen	wk,h,ge 76	streiken	wk,h,ge 76
spüren	wk,h,ge 76	**streiten**	**st,h,ge 164**
stach, stäche← stechen		streuen	wk,h,ge 76
stahl, stähle← stehlen		strich← streichen	
stammen	wk,h,ge 76	stricken	wk,h,ge 76
starren	wk,h,ge 76	stritt← streiten	
starten	wk,h/s,ge 2	strömen	wk,s,ge 76
statt|finden	st,h,ge 39	**studieren**	**wk,h 165**
stattgefunden← statt|finden		stünde← stehen	
staunen	wk,h,ge 76	stürmen	wk,h/s,ge 76
stechen	**st,h,ge 155**	stürzen	wk,h/s,ge 74
stecken	wk,h,ge 76	(sich acc)	
stecken	**st,h,ge 156**	subtrahieren	wk,h 165
stehen	**st,h,ge 157**	suchen	wk,h,ge 76
stehen|bleiben	st,s,ge 18	sündigen	wk,h,ge 76
stehengeblieben← stehen|bleiben		süßen	wk,h,ge 66
stehlen	**st,h,ge 158**	tadeln	wk,h,ge 69
steigen	**st,s,ge 159**	tagen	wk,h,ge 76
steigern	wk,h,ge 184	tanken	wk,h,ge 76
stellen	wk,h,ge 76	tanzen	wk,h/s,ge 74
stempeln	wk,h,ge 69	tapezieren	wk,h 165
sterben	**st,s,ge 160**	tarnen	wk,h,ge 76
steuern	wk,h,ge 184	tat← tun	
stichst, sticht← stechen		tauchen	wk,h/s,ge 76
sticken	wk,h,ge 76	tauen	wk,h/s,ge 76
stieg(e)← steigen		taufen	wk,h,ge 76
stiehlst, stiehlt← stehlen		taugen	wk,h,ge 76
stieß← stoßen		taumeln	wk,s,ge 69
stimmen	wk,h,ge 76	tauschen	wk,h,ge 76
stinken	**st,h,ge 161**	täuschen	wk,h,ge 76
stirbst, stirbt← sterben		(sich acc)	
stöhnen	wk,h,ge 76	teilen	wk,h,ge 76
stolpern	wk,s,ge 184	teil|nehmen	st,h,ge 98
stopfen	wk,h,ge 76	telefonieren	wk,h 165
stören	wk,h,ge 76	testen	wk,h,ge 2

246

tippen	*wk*,h,ge 76	überbrücken	*wk,ins*,h 30
toasten	*wk*,h,ge 76	überdenken	*st,ins*,h 23
toben	*wk*,h/s,ge 76	übereilen	*wk,ins*,h 30
töten	*wk*,h,ge 2	(sich *acc*)	
tot|schlagen	*st*,h,ge 126	übereinstimmen	*wk,ins*,h 30
trachten	*wk*,h,ge 2	überfahren	*st,ins*,h 35
traf←treffen		überfallen	*st,ins*,h 36
tragen	***st*,h,ge 166**	überfordern	*wk,ins*,h 184
trägt←tragen		über|führen	*wk*,h,ge 4
trank, tränke←trinken		überführen	*wk,ins*,h 30
trat, träte←treten		übergeben	*st,ins*,h 49
trauen	*wk*,+*dat*,h,ge 76	über|gehen	*st*,s,ge 51
trauern	*wk*,h,ge 184	übergehen	*st,ins*,h 51
träumen	*wk*,h,ge 76	überholen	*wk,ins*,h 30
treffen	***st*,h,ge 167**	überhören	*wk,ins*,h 30
(sich *acc*)		überlassen	*st,ins*,h 85
treiben	***st*,h,ge 168**	überleben	*wk,ins*,h 30
trennen	*wk*,h,ge 76	über|legen	*wk*,h,ge 4
(sich *acc*)		**überlegen**	***wk,ins*,h 173**
treten	***st*,h/s,ge 169**	(sich *acc*)	
trieb, triebe←treiben		übermitteln	*wk,ins*,h 69
triffst, trifft←treffen		übernachten	*wk,ins*,h 2
trinken	***st*,h,ge 170**	übernehmen	*st,ins*,h 98
trittst, tritt←treten		(sich *acc*)	
trocknen	*wk*,h/s,ge 105	übernommen←übernehmen	
trog, tröge←trügen		überprüfen	*wk,ins*,h 30
trommeln	*wk*,h,ge 69	überraschen	*wk,ins*,h 30
trösten	*wk*,h,ge 2	überreden	*wk,ins*,h 106
(sich *acc*)		überschätzen	*wk,ins*,h 74
trotzen	*wk*,+*dat*,h,ge 74	überschreiten	*st,ins*,h 136
trug, trüge←tragen		überschritten←überschreiten	
trügen	***st*,h,ge 171**	überschwemmen	*wk,ins*,h 30
tun	***st*,h,ge 172**	übersehen	*st,ins*,h 142
turnen	*wk*,h,ge 76	über|setzen	*wk*,h,ge 74
übelgenommen←übel|nehmen		übersetzen	*wk,ins*,h 74
übel|nehmen	*st*,h,ge 98	über|siedeln	*wk*,s,ge 69
üben	*wk*,h,ge 76	überstanden←überstehen	
(sich *acc*)		überstehen	*st,ins*,h 157
überanstrengen	*wk,ins*,h 30	überstürzen	*wk,ins*,h 54
(sich *acc*)		übertragen	*st,ins*,h 166
überarbeiten	*wk,ins*,h 2	übertreiben	*st,ins*,h 168
überblicken	*wk,ins*,h 30	übertrieben←übertreiben	

überwachen	*wk,ins,*h 30	
überwältigen	*wk,ins,*h 30	
überweisen	*st,ins,*h 188	
über|werfen	*st,*h,ge 192	
überwerfen	*st,ins,*h 192	
(sich *acc*)		
überwiegen	*st,ins,*h 193	
überwiesen←überweisen		
überwinden	*st,ins,*h 194	
überworfen←überwerfen		
überzeugen	*wk,ins,*h 30	
um|arbeiten	*wk,*h,ge 2	
umbenannt←um|benennen		
um|benennen	*mi,*h 99	
um|blättern	*wk,*h,ge 4	
um|bringen	*st,*h,ge 22	
(sich *acc*)		
um|fallen	*st,*s,ge 36	
umfassen	*wk,ins,*h 4	
um|gehen	*st,*s,ge 51	
umgehen	*st,ins,*h 51	
um|gestalten	*wk,*h 30	
ptp umgestaltet		
um|graben	*st,*h,ge 64	
unterhalten	*st,ins,*h 68	
(sich *acc*)		
unter|kommen	*st,*s,ge 81	
unterlassen	*st,ins,*h 85	
unterliegen	*st,ins,*h/s 90	
unternehmen	*st,ins,*h 98	
unter|ordnen	*wk,*h,ge 105	
(sich *acc*)		
unterrichten	*wk,ins,*h 2	
(sich *acc*)		
untersagen	*wk,ins,*h 30	
unterschätzen	*wk,ins,*h 74	
unterscheiden	*st,ins,*h 133	
(sich *acc*)		
unterschieben	*st,ins,*h 123	
unter|schieben	*st,*h,ge 123	
unterschreiben	*st,ins,*h 134	
unterstehen	*st,ins,*h 157	

unter|stellen	*wk,*h,ge 4	
unterstellen	*wk,ins,*h 30	
unterstreichen	*st,ins,*h 163	
unterstützen	*wk,ins,*h 74	
untersuchen	*wk,ins,*h 30	
unterweisen	*st,ins,*h 188	
unterwerfen	*st,ins,*h 192	
unterzeichnen	*wk,ins,*h 105	
unterziehen	*st,ins,*h 199	
urteilen	*wk,*h,ge 76	
verabreden	*wk,ins,*h 106	
(sich *acc*)		
verabscheuen	*wk,ins,*h 30	
verabschieden	*wk,ins,*h 106	
(sich *acc*)		
verachten	*wk,ins,*h 2	
verallgemeinern	*wk,ins,*h 184	
veralten	*wk,ins,*s 2	
verändern	*wk,ins,*h 184	
veranlassen	*wk,ins,*h 177	
veranstalten	*wk,ins,*h 2	
verantworten	*wk,ins,*h 2	
verärgern	*wk,ins,*h 184	
verarzten	*wk,ins,*h 2	
veräußern	*wk,ins,*h 184	
verbarg←verbergen		
verbauen	*wk,ins,*h 177	
verbergen	*st,ins,*h 9	
verbessern	*wk,ins,*h 184	
verbeugen	*wk,ins,*h 177	
sich *acc*		
verbieten	*st,ins,*h 14	
verbinden	*st,ins,*h 15	
verbirgst, verbirgt←verbergen		
verblüffen	*wk,ins,*h 177	
verblühen	*wk,ins,*s 177	
verbluten	*wk,ins,*s 2	
verborgen←verbergen		
verbot, verboten←verbieten		
verbrauchen	*wk,ins,*h 177	
verbrechen	*st,ins,*h 46	
verbrennen	*mi,ins,*h/s 21	

(sich *acc*)		
verbringen	*st,ins*,h 22	
verdacht(e)←verdenken		
verdächtigen	*wk,ins*,h 177	
verdanken	*wk,+dat,ins*,h 177	
verdarb←verderben		
verdauen	*wk,ins*,h 177	
verdenken	*mi,ins*,h 23	
verderben	***st,ins*,h/s 174**	
verdeutschen	*wk,ins*,h 177	
verdienen	*wk,ins*,h 177	
verdirbst, verdirbt←verderben		
verdoppeln	*wk,ins*,h 69	
verdorben←verderben		
verdrießen	***st,ins*,h 175**	
verdroß, verdrösse←verdrießen		
verdrossen←verdrießen		
verdunkeln	*wk,ins*,h 69	
(sich *acc*)		
verdürbe←verderben		
verehren	*wk,ins*,h 177	
vereinbaren	*wk,ins*,h 177	
vereinen	*wk,ins*,h 177	
vereinfachen	*wk,ins*,h 177	
vereinigen	*wk,ins*,h 177	
(sich *acc*)		
verenden	*wk,ins*,s 106	
vererben	*wk,ins*,h 30	
verfahren	*st,ins*,s 35	
verfallen	*st,ins*,s 36	
verfälschen	*wk,ins*,h 177	
verfassen	*wk,ins*,h 177	
verfolgen	*wk,ins*,h 177	
verfügen	*wk,ins*,h 177	
verführen	*wk,ins*,h 177	
vergab, vergäbe←vergeben		
vergaß, vergäße←vergessen		
vergeben	*st,ins*,h 49	
vergegenwärtigen	*wk,ins*,h 177	
sich *dat*		
vergehen	*st,ins*,h/s 51	
(sich *acc*)		

vergessen	***st,ins*,h 176**	
vergißt←vergessen		
vergleichen	*st,ins*,h 61	
verglich(en)←vergleichen		
vergrößern	*wk,ins*,h 184	
verhaften	*wk,ins*,h 2	
verhalten	*st,ins*,h 68	
sich *acc*		
verhandeln	*wk,ins*,h 69	
verheiraten	*wk,ins*,h 2	
(sich *acc*)		
verhielt(e)←verhalten		
verhindern	*wk,ins*,h 184	
verhören	*wk,ins*,h 177	
(sich *acc*)		
verhungern	*wk,ins*,s 184	
verhüten	*wk,ins*,h 2	
verirren	*wk,ins*,h 177	
sich *acc*		
verkaufen	*wk,ins*,h 177	
verkleiden	*wk,ins*,h 106	
(sich *acc*)		
verkleinern	*wk,ins*,h 184	
(sich *acc*)		
verkörpern	*wk,ins*,h 184	
verkünden	*wk,ins*,h 106	
verkürzen	*wk,ins*,h 74	
verladen	*st,ins*,h 84	
verlagern	*wk,ins*,h 184	
verlangen	***wk,ins*,h 177**	
verlassen	*st,ins*,h 85	
verlaufen	*st,ins*,s/h 86	
(sich *acc*)		
verlegen	*wk,ins*,h 177	
(sich *acc*)		
verleihen	*st,ins*,h 88	
verlernen	*wk,ins*,h 177	
verletzen	*wk,ins*,h 74	
(sich *acc*)		
verlieben	*wk,ins*,h 177	
sich *acc*		
verlieren	***st,ins*,h 178**	

249

verzeichnen	*wk,ins,*h 105
verzeihen	**st,ins,h 181**
verzerren	*wk,ins,*h 177
verzichten	*wk,ins,*h 2
verzieh, verziehen← verzeihen	
verzieren	*wk,ins,*h 177
verzögern	*wk,ins,*h 184
(sich *acc*)	
verzollen	*wk,ins,*h 177
vollenden	*wk,ins,*h 106
vollstrecken	*wk,ins,*h 30
voran|gehen	*st,+dat,*s,ge 51
voran|kommen	*st,*s,ge 81
voraus|gehen	*st,*s,ge 51
voraus|sagen	*wk,*h,ge 4
voraus|setzen	*wk,*h,ge 74
vor|behalten	*st,*h 68
sich *acc*, *ptp* vorbehalten	
vorbei|kommen	*st,*s,ge 81
vor|bereiten	*wk,*h 2
(sich *acc*), *ptp* vorbereitet	
vor|beugen	*wk,+dat,*h,ge 4
(sich *acc*)	
vor|bringen	*mi,*h,ge 22
vor|fallen	*st,*s,ge 36
vor|finden	*st,*h,ge 39
vor|führen	*wk,*h,ge 4
vor|gehen	*st,*s,ge 51
vor|haben	*st,*h,ge 67
vor|halten	*st,*h,ge 68
vor|herrschen	*wk,*h,ge 4
vorher|sagen	*wk,*h,ge 4
vor|kommen	*st,+dat,*s,ge 81
vor|laden	*st,*h,ge 84
vor|merken	*wk,*h,ge 4
vor|nehmen	*st,*h,ge 98
(sich *dat*)	
vor|rücken	*wk,*h,ge 4
vor|schlagen	*st,*h,ge 126
vor|schreiben	*st,*h,ge 134
vor|sehen	*st,*h,ge 142
(sich *acc*)	

vor|stellen	*wk,*h,ge 4
(sich *acc*)	
vor|täuschen	*wk,*h,ge 4
vor|tragen	*st,*h,ge 166
vorüber|gehen	*st,*s,ge 51
vor|werfen	*st,*h,ge 192
vor|ziehen	*st,*h,ge 199
wachen	*wk,*h,ge 76
wach|halten	*st,*h,ge 68
wachsen	**st,s,ge 182**
wachsen	*wk,*h,ge 103
wächst← wachsen	
wackeln	*wk,*h/s,ge 69
wagen	*wk,*h,ge 76
wägen	**st,h,ge 183**
wählen	*wk,*h,ge 76
wahr|nehmen	*st,*h,ge 98
wälzen	*wk,*h,ge 74
(sich *acc*)	
wand, wände← winden	
wandern	**wk,s,ge 184**
wandte← wenden	
wappnen	*wk,*h,ge 105
sich *acc*	
war, wäre← sein	
warb← werben	
warf← werfen	
wärmen	*wk,*h,ge 76
warnen	*wk,*h,ge 76
warten	*wk,*h,ge 2
waschen	**st,h,ge 185**
(sich *acc/dat*)	
wäscht← waschen	
wässern	*wk,*h,ge 184
waten	*wk,*s,ge 2
weben	*wk,*h,ge 76
weben	**st,h,ge 186**
wechseln	*wk,*h,ge 69
wecken	*wk,*h,ge 76
weg|fahren	*st,*s,ge 35
weg|fallen	*st,*s,ge 36
weg|fliegen	*st,*s,ge 41

weg|gehen	*st*,s,ge 51	widersprechen	*st,ins,+dat*,h 152
weg|kommen	*st*,s,ge 81	(sich *dat*)	
weg|lassen	*st*,h,ge 85	widerstehen	*st,ins,+dat*,h 157
weg|laufen	*st*,s,ge 86	widerstreben	*wk,ins*,h 30
weg|nehmen	*st*,h,ge 98	widmen	*wk*,h,ge 3
weg|schaffen	*wk*,h,ge 4	(sich *acc*)	
weg|werfen	*st*,h,ge 192	wieder|geben	*st*,h,ge 49
wehen	*wk*,h,ge 76	wiedergut|machen	*wk*,h,ge 4
wehren	*wk*,h,ge 76	wiederholen	*wk*,h 30
(sich *acc*)		wieder|holen	*wk*,h,ge 4
weh|tun	*st*,h,ge 172	wieder|kehren	*wk*,s,ge 4
weichen	**st, +dat,s,ge 187**	wieder|kommen	*st*,s,ge 81
weiden	*wk*,h,ge 106	wieder|sehen	*st*,h,ge 142
(sich *acc*)		(sich *acc*)	
weigern	*wk*,h,ge 184	**wiegen**	**st,h,ge 193**
sich *acc*		wiegen	*wk*,h,ge 76
weinen	*wk*,h,ge 76	wiehern	*wk*,h,ge 184
weisen	**st,h,ge 188**	wies←weisen	
weißen	*wk*,h,ge 66	will←wollen	
weiß, weißt←wissen		**winden**	**st,h,ge 194**
weiter|fahren	*st*,h/s,ge 35	(sich *acc*)	
weiter|gehen	*st*,s,ge 51	winken	*wk*,h,ge 76
welken	*wk*,s,ge 76	wirbst, wirbt←werben	
wenden	**mi,h,ge 189**	wird←werden	
(sich *acc*)		wirfst, wirft←werfen	
werben	**st,h,ge 190**	wirken	*wk*,h,ge 76
werden	**st,s,ge 191**	wirst←werden	
werfen	**st,h,ge 192**	wirtschaften	*wk*,h,ge 2
werten	*wk*,h,ge 2	wischen	*wk*,h,ge 76
wetteifern	*wk*,h,ge 184	**wissen**	**st,h,ge 195**
wetten	*wk*,h,ge 76	wob, wöbe←weben	
wich←weichen		wog, wöge←wiegen	
wickeln	*wk*,h,ge 69	wohnen	*wk*,h,ge 76
(sich *acc*)		**wollen**	**mo,h,ge 196**
widerfahren	*st,ins*,s 35	**wringen**	**st,h,ge 197**
wider|hallen	*wk*,h,ge 4	wuchern	*wk*,h/s,ge 184
widerlegen	*wk,ins*,h 30	wuchs, wüchse←wachsen	
widerrufen	*st,ins*,h 114	wühlen	*wk*,h,ge 76
widersetzen	*wk,ins*,h 74	(sich *acc*)	
sich *acc:+dat*		wundern	*wk*,h,ge 184
wider|spiegeln	*wk*,h,ge 69	sich *acc*	
(sich *acc*)		wünschen	*wk*,h,ge 76

(sich *dat*)	
würbe←werben	
wurde, würde←werden	
würdigen	*wk*,h,ge 76
würfe←werfen	
würfeln	*wk*,h,ge 69
würgen	*wk*,h,ge 76
würzen	*wk*,h,ge 74
wusch, wüsche←waschen	
wußte, wüßte←wissen	
zacken	*wk*,h,ge 76
zahlen	*wk*,h,ge 76
zählen	*wk*,h,ge 76
zähmen	*wk*,h,ge 3
zanken	*wk*,h,ge 76
(sich *acc*)	
zappeln	*wk*,h,ge 69
zaubern	*wk*,h,ge 184
zaudern	*wk*,h,ge 184
zausen	*wk*,h,ge 103
zedieren	*wk*,h 165
zehren	*wk*,h,ge 76
zeichnen	*wk*,h,ge 105
zeigen	*wk*,h,ge 76
(sich *acc*)	
zeitigen	*wk*,h,ge 76
zementieren	*wk*,h 165
zensieren	*wk*,h 165
zentralisieren	*wk*,h 165
zentrieren	*wk*,h 165
zerbrechen	*st,ins*,h/s 20
zerbröckeln	*wk,ins*,h/s 69
zerfallen	*st,ins*,s 36
zerfetzen	*wk,ins*,h 74
zerfleischen	*wk,ins*,h 198
zergehen	*st,ins*,s 51
zerkleinern	*wk,ins*,h 184
zerknautschen	*wk,ins*,h 198
zerlaufen	*st,ins*,s 86
zerlegen	*wk,ins*,h 198
zermürben	*wk,ins*,h 198
zerreiben	*st,ins*,h 107

zerreißen	*st,ins*,h 108
(sich *acc*)	
zerren	*wk*,h,ge 76
zerrinnen	*st,ins*,s 113
zerschlagen	*st,ins*,h 126
(sich *acc*)	
zerschneiden	*st,ins*,h 133
zersetzen	*wk,ins*,h 74
(sich *acc*)	
zersplittern	*wk,ins*,h 184
(sich *acc*)	
zerstören	**wk,ins,h 198**
zerstreuen	*wk,ins*,h 198
(sich *acc*)	
zertrampeln	*wk,ins*,h 69
zertrennen	*wk,ins*,h 198
zertrümmern	*wk,ins*,h 184
zeugen	*wk*,h,ge 76
ziehen	**st,h/s,ge 199**
zielen	*wk*,h,ge 76
ziepen	*wk*,h,ge 76
zischen	*wk*,h,ge 76
zittern	*wk*,h,ge 184
zog, zöge←ziehen	
zögern	*wk*,h,ge 184
zu|bereiten	*wk*,h 2
ptp zubereitet	
züchten	*wk*,h,ge 2
zucken	*wk*,h,ge 76
zücken	*wk*,h,ge 76
zu|erkennen	*mi*,h 77
ptp zuerkannt	
zu|fallen	*st*,h,ge 36
zu|fügen	*wk*,h,ge 4
zu|geben	*st*,h,ge 49
zu|gehen	*st*,s,ge 51
zu|hören	*wk*,+*dat*,h,ge 4
zu|klappen	*wk*,s,ge 4
zu|kleben	*wk*,h,ge 4
zu|kommen	*st*,s,ge 81
zu|lassen	*st*,h,ge 85
zu|machen	*wk*,h,ge 4

CollinsBilingual

This is just *one* of the **Collins Gem** range of bilingual dictionaries and study aids, which cover the following languages:

Dictionaries

	ISBN
Collins Gem French Dictionary	0-00-458977-7
Collins Gem German Dictionary	0-00-458976-9
Collins Gem Spanish Dictionary	0-00-470048-1
Collins Gem Italian Dictionary	0-00-470047-3
Collins Gem Portuguese Dictionary	0-00-458713-8
Collins Gem Greek Dictionary	0-00-458548-8
Collins Gem Latin Dictionary	0-00-470763-X
Collins Gem Russian Dictionary	0-00-458652-2
Collins Gem Malay Dictionary	0-00-458655-7
Collins Gem English-Hindi Dictionary	0-00-458964-5
Collins Gem Welsh Dictionary	0-00-470199-2

Study Aids

Collins Gem French Grammar	0-00-470999-3
Collins Gem French Verb Tables	0-00-470993-4
Collins Gem French 5000 Words	0-00-471002-9
Collins Gem German Grammar	0-00-471004-5
Collins Gem German Verb Tables	0-00-471003-7
Collins Gem German 5000 Words	0-00-471005-3
Collins Gem Spanish Verb Tables and Grammar	0-00-471001-0